日本語ライブラリー

漢文資料を読む

沖森卓也
［編著］
齋藤文俊
山本真吾
［著］

朝倉書店

執筆者

沖 森 卓 也* 立教大学文学部
[第 1〜4・6・8 講]

齋 藤 文 俊 名古屋大学大学院文学研究科
[第 9・12〜14 講]

山 本 真 吾 白百合女子大学文学部
[第 5・7・10・11・15 講]

*は編著者

はじめに

日本は、漢文を通して、文化・社会・技術などあらゆる分野において中国を模倣することに始まり、それと真摯に向き合い、その内部のすみずみまで消化してきました。このことは、日本語に数多くの漢語が用いられてきていること、また、中国から伝来した漢文資料に加えて、おびただしい国内の漢文資料が残されていることに端的に現れています。

このように日本に極めて大きな影響を与えたのは、漢文を日本語で理解できるシステムを古くに構築できたからでもあります。漢字や熟語に日本語を訓として対応させ、さらに、中国語の語順（字順）を日本語にふさわしく入れ換えて、漢文をそのまま日本語として読み下す方法を確立しました。この、漢文訓読という日本語による理解が広く行われたことによって、中国の古典は日本の古典ともなったのです。中国の「知」はすでに借用したものとは考えられないほどに日本に融け込み、確固たる基盤たりえていると言っても過言ではありません。

本書は、漢文訓読の基礎知識とともに、課題漢文の訓読によって実践力を養い、練習問題を通して応用力を身につけることができるように編集しました。本書を通して、多くの方々が漢文資料を身近に感じ、古典に対する正しい理解を主体的に深められるよう心から願っています。

二〇一三年九月

沖森卓也

目次

第1講　漢文訓読とその方法

漢文　漢文とは中国の古い時代の文章のことをさす。これに倣って中国人以外の人々が書いた、漢字だけから成る文章も含められるが、日本人が書いた漢文を、特に日本漢文と呼ぶこともある。日本語は中国語と言語構造が異なるため、ややもすれば日本語的な表現（これを「和習」とも呼ぶ）が混じることがある。このような、漢文に似せているが、日本語的な表現の混ざった文章を和化漢文（変体漢文）という。これに対して、中国語にそのまま即した漢文を、純漢文（または正格漢文）と呼ぶ。

漢文訓読の歴史　和迩吉師が『論語』十巻、『千字文』一巻を貢進したという記事が『古事記』応神条に見える。しかし、これは史実そのものではなく、五世紀初め頃に漢文が百済から伝来したことを歴史解釈の一つとして象徴的に示したものである。六世紀には五経博士が渡来し、また、仏教が公伝されて、日本でも漢文に親しむようになった。当初は中国語のままで理解していたが、やがて日本語に翻訳して読み下すようになっていった。北大津遺跡から出土した七世紀後半と推定される木簡に、漢文を日本語で訓み下した事例が確認できる。

　八世紀前半には、漢文、特に華厳経の読み方に関するさまざまな注記を角筆などで書き入れる方法を新羅から移入し、さらにヲコト点や片仮名の起源

漢字　中国語を書き表すための文字。太古の皇帝、伏羲氏が自然を象徴させて八卦を作り、さらに書契を作ったことに由来するとされるが、八卦・書契が何かは具体的には不明である。また、黄帝の時代に倉頡《そうけつ》が鳥獣の足跡をヒントにして、結縄に代えて書契を作ったのが始まりともいう。しかし、漢字は中国文化の発展とともに長い時間をかけてその体系が整えられてきたものであり、特定の個人による製作とは考えられない。現在確認できる最古の漢字は殷（または商）の後期（前一三〇〇～前一〇〇〇年頃）の甲骨文字である。

形音義　漢字が有する三つの側面を古くから「形音義」と呼んできた。つまり、漢字は字形・字音（第4講参照）・字義を持つというのである。

字形　一定の様式を持つ体系的な書体には最も古く甲骨文字があり、その後、篆書・隷書・草書・行書・楷書が生み出された。

　また、字音や字義は同じだが、字体が異なるものもある（［例］跡・蹟、聡・聰、略・畧など）。標準的なものを正字、それ以外を

となる加点の方法も伝わって、八世紀末頃には南都（奈良）の学僧の間で日本語の訓読文を、独自のヲコト点や片仮名で記入するようになった。そうした訓読を記す記号や符号を訓点という。このような訓点の方法は仏典の訓読から、やがて漢籍の訓読にも及んで、大学の博士家など俗家にまで普及するに至った。

　漢籍では十世紀以降、祖点から訓点を転写する移点が始まり、読み下しも固定するようになった。そのため、漢文訓読に特有の語彙・語法が一つの文体として生じ、日本語の文体に大きな影響を与えた。こうした訓読が発生したために、平安時代中期から漢文を字音直読することが少なくなり、訓読を通して理解するという伝統が築かれた。

　鎌倉時代以降、次第にヲコト点は用いられなくなり、代わって仮名点（片仮名だけによる訓点）の使用が増えていった。

送り仮名と仮名遣い　漢文訓読とは、中国古典語である漢文を日本語に翻訳することであるが、それぞれの漢字の読み方を記すために、漢字の読み（の一部）を片仮名で書き添えるようになった。これを捨て仮名と呼び、読みの末尾を記したものを送り仮名という。

　また、平安時代から原文に訓点を加えるようになったことから、現代に至るまで語彙・語法の面などにおいて、古典語に倣って読み下されている。そのため、仮名遣いは歴史的仮名遣いに従い、また、漢字を音読する場合も、その音は古い仮名遣い（これを「字音仮名遣」という）に基づいて、読みが

異体字という。これは、隷書から楷書への移行過程で生じた、さまざまな楷書体が、統一されないまま用いられてきたことによる。一般に、正字は『康熙字典』（一七一六年成）が標準的なものとして筆頭に示した字をさす。

字義　漢字は表語文字（または表意文字）とも呼ばれるように、一字一字が意味を有し、一語に相当する。その字義に対応させて、和語（日本固有の語）をあてたのが訓（和訓とも）である。

ヲコト点　日本語としての読み方を書き示すために、漢字の字面に記入した「・」「—」「｜」などの符号。それぞれの符号はそれに対応する音（読み）を象徴している。その符号体系の規則は各宗派・流派によってさまざまであった（第15講参照）。

送り仮名　送り仮名は現行の「送り仮名の付け方」に準じて付けられる。これに対して、読みの末尾ではなく、語頭の仮名が記されることもあり、これを「迎え仮名」という。

記されるのが慣例である。

返り点　漢文の文構造は日本語のそれと異なることから、漢字に即して読み下していくためには、その語順を変えて読まなければならない。そのため、漢字を読む順序を示すための記号、すなわち返り点を案出した。

①レ点…下の字からすぐ上の一字に返って訓読することを示す。

見《テ》レ義《ヲ》不《ルハ》レ為《サ》無《キナリ》レ勇也。　義ヲ見テ為サザルハ勇無キナリ

②一二点…二字以上離れた上の字に返って訓読することを示す。

吾不三復《タ》夢《ニ》見二周公《ヲ》一。　吾復タ夢ニ周公ヲ見ズ

吾日《ニ》三二省《ス》吾《ガ》身《ヲ》一。　吾日ニ吾ガ身ヲ三省ス

③上下点…一二点をはさんで、さらに上の字に返って訓読することを示す。

君子《ハ》欲《ス》下訥《とつニシテ》二於言《ニ》一而敏《ナランコトヲ》中於行《ニ》上。

君子ハ言ニ訥ニシテ行ニ敏ナランコトヲ欲ス

④甲乙丙点…一二点、上下点をはさんで、さらに上の字に返って訓読することを示す。一二点をはさんで、四度以上返る場合にも用いられる。

君子《ハ》不乙以《テ》下其《ノ》所以《ゆゑんノ》二養《フ》一人《ヲ》者《ヲ》上害《セ》甲レ人《ヲ》。

君子ハ其ノ人ヲ養フ所以ノ者ヲ以テ人ヲ害セズ

このほか、甲乙丙点をはさんで、さらに「天地人点」も用いられる。

これらの返り点のなかで、すぐ上の一字に返るレ点は「一」「上」「甲」点と同じ位置には用いることができるが、「二・三……」「中・下」「乙・丙……」点と同時に使うことはできない。

返り点

①レ点　もと、雁が羽を広げて飛ぶ「V」字に似た雁点《かりがねてん》と呼ばれたもので、一字を返読するために、十二世紀頃から用いられた。当初は漢字の中央に記されたが、十四世紀頃から徐々に左方向に移動し、形も初画が短い「ゝ」のようになった。そして、十六世紀末には今日のように、「レ」の形で左側に定着した。

②一二点　平安時代から用いられ、その初期には訓読の字順を示す場合にも用いられた。

③上下点　平安時代後半に盛んに用いられるようになった。

④甲乙丙点　鎌倉時代以降に用いられるようになった。

合符　下から、複数の漢字（熟語）に返って読むことを示すために、漢字の字間に挿入する縦線の符号（上例の「所以」の間に見える「‐」）。その左横に返り点が付される。

もと、複数の語を音読する音合符と、訓読する訓合符とに区別されていた。連続符・連字符・熟字符などとも呼ばれる（一二四頁下段参照）。

漢文の基本構造

漢文の基本的構造は次の通りである。

①主述関係…主語と述語(目的語や補語もとる)によって文が構成される。

a 主語＋述語　（ア）舜《しゅんハ》冀《き》州《しゅうノ》之人也《ナリ》。

（イ）色難《かたシ》。（ウ）子出《ヅ》。

b 主語＋述語＋目的語　知者《ハ》楽《シミ》レ水《ヲ》仁者《ハ》楽《シム》レ山《ヲ》。

c 主語＋述語（＋目的語）＋補語　天下帰《ス》レ仁《ニ》焉。

d 状況語＋述語＋主語　匈奴《ニ》大《イニ》雨《ふル》レ雪。

e 状況語＋有／無＋主語　魯《ニ》無《シ》二君子者一。

②修飾関係…被修飾語の前にあって、形容詞的または副詞的な修飾語となる。

f 連体修飾語＋主語または目的語　民《ノ》徳帰《ス》レ厚《キニ》矣。

g 連用修飾語＋述語　能《ク》近《ク》取《ル》レ譬《たとへヲ》。

③前置詞…下に名詞または名詞句をとって、まとまった文の成分となる。

h 主語＋{前置詞＋名詞（句)}＋述語＋目的語　以《テ》二其《ノ》子《ヲ》一妻《めあハス》レ之《ニ》。

i 主語＋述語＋目的語＋{前置詞＋名詞（句)}　臣《ノ》事《つかフルニ》レ君《ニ》以《テス》レ忠《ヲ》。

④助動詞…下に動詞をとって、まとまった述語となる。

j 主語＋助動詞＋述語（＋日的語）　唯仁者《ノミ》能《ク》好《ミ》レ人《ヲ》能《ク》悪《にくム》レ人《ヲ》。

⑤助詞…語句の前後にあって文法的な意味を表す。

k 修飾語＋之＋被修飾語　雍《ようノ》之言然《リ》。

l 主語＋者＋述語（也)　黄帝者《ハ》少典《ノ》之子《ナリ》。

m {所＋述語（＋目的語)}　己《ノ》所《ハ》レ不《ル》レ欲《セ》レ勿《レ》レ施《スコト》二於人《ニ》一。

主述関係

・aは述語の性質によって次のように呼ばれる。

（ア）名詞述語文（判断文）

（イ）形容詞述語文（描写文）

（ウ）動詞述語文（叙述文）

・cが「目的語」を伴う場合

主語＋述語＋目的語＋補語

孔子問《フ》二礼《ヲ》於老子《ニ》一。

ただし、補語が人である場合は「述語＋補語＋目的語」という語順をもとる。

不レ与《へ》二厲《れい》公《ニ》爵《ヲ》一。

・dを現象文、eを存在文と呼ぶ。

前置詞　詳しくは第2講下段参照。

助動詞　「能願動詞」ともいう。

詳しくは第2講下段参照。

助詞

・詳しくは第2講下段参照。

・mは全体として体言と同じ働きをして、主語・述語・目的語になるほか、修飾語ともなる。

課題1・1　食指

（『春秋左氏伝』宣公四年）

楚人献《ズ》二黿《げんヲ》於鄭《ノ》霊公《ニ》一。公子宋《ト》与二子家一、将《ニ》《す》二入《リテ》見《まみエント》一。子公《ノ》之食指動《ク》。以《テ》示《シテ》二子家《ニ》一曰《ハク》、「他日我如《ク》レ此《かくノ》、必《ズ》嘗《メリト》二異味《ヲ》一。」及《ビ》レ入《ルニ》、宰夫将《ニ》《す》レ解《カント》レ黿《ヲ》。

課題1・2　画竜点睛

（『歴代名画記』）

張僧《そう》繇《えう》呉中《ノ》人也《ナリ》。武帝、崇二飾《スルニ》仏寺《ヲ》一、多《ク》命《ジテ》二僧繇《ニ》一画《えがカシム》レ之《ヲ》。金陵《ノ》安楽寺《ノ》四白龍《ハ》不レ点《ぜ》二眼睛《ヲ》一。毎《つねニ》云《ハク》、「点《ぜバ》レ睛《ひとみヲ》即《チ》飛《ビ》去《ラント》。」人、以《テ》為《シ》二妄誕《ト》一、固《ク》請《ヒテ》点《ぜシム》レ之《ヲ》。須臾《ニシテ》雷電破《リ》レ壁《ヲ》両龍乗《リ》レ雲《ニ》騰去《シテ》上《ル》レ天《ニ》。二龍《ノ》未《ダ》《ざル》レ点《ぜ》レ眼《ヲ》者《ハ》見《げんニ》在《リ》。

課題1・3　離魂記　陳玄祐

（『太平広記』巻三五八「王宙」）

天授三年、清河《ノ》張鎰《いつ》、因《リテ》レ官《ニ》家《いヘス》二于衡《かう》州《しうニ》一。性簡静《ニシテ》寡《すくナシ》二知友一。無《ク》レ子有《リ》二女《むすめ》二人一。其《ノ》長《ハ》早《ク》亡《ク》、幼女倩《せん》

課題1・1『春秋左氏伝』　孔子編と伝える『春秋』の注釈書。三〇巻。左丘明の著という。春秋三伝の一。説話や逸話を多く集める。

黿　大きなスッポン。

食指　人差し指。

異味　珍味。

宰夫　料理人。

解　調理する。

課題1・2『歴代名画記』　絵史・画論の書。張彦遠撰。十巻。八四七年成立。太古から八四一年までの絵画資料を広く集める。

張僧繇　南北朝時代の梁の画家。

呉中　今の江蘇省蘇州市一帯。

武帝　梁の武帝。

金陵　今の南京市。

眼睛　ひとみ。

妄誕　でたらめ。

見在　現存する。

課題1・3『太平広記』　前漢から北宋初期までの七〇〇〇編余りの奇談を集め分類した書。九七八年成立。五〇〇巻。

天授三年　唐の六九二年。

娘《ちやうハ》端《たん》妍《けん》絶倫《ナリ》。鎰《ノ》外甥《ぐわいせい》、太原《ノ》王宙《ハ》幼《ニシテ》聡悟、美《うるはシ》容範。鎰常《ニ》器重《シ》、毎《つねニ》曰《ハク》、「他時当《ニ・シト》以《テ》倩娘《ヲ》妻《めあはス》之《これニ》。」後各《おのおの》長成《スルヤ》、宙与《ト》倩娘、常《ニ》私《ニ》感想《ス》於寤《ご》寐《びニ》。家人莫《シ》知《ルコト》其《ノ》状《ヲ》。後有《リ》賓僚《ノ》之選《バルル》者、求《ム》之《ヲ》。鎰許《ス》焉。女聞《キテ》而鬱《うつ》抑《よくス》。宙《モ》亦《タ》深《ク》恚《い》恨《こんシ》、託《スルニ》以《テシテ》当調《ヲ》、請《フ》赴《カント》京《ニ》。止《ムレドモ》之《ヲ》不可《きカ》。遂《ニ》厚《ク》遣《やル》之《ヲ》。宙陰《ひそかニ》恨《ミテ》悲《ひ》慟《どうシ》、訣別《シテ》上《のル》船《ニ》。日暮《レ》至《ルコト》山《さん》郭《くわくニ》数里《ナリ》。夜方《まさニ》半《バニシテ》、宙不寐《いネラレ》。忽《チニ》聞《ク》、岸上《ニ》有《ルヲ》一人。行声甚《ダ》速《ヤカナリ》。須《しゅ》臾《ゆニシテ》至《ル》船《ニ》。問《ヘバ》之《ニ》乃《チ》倩娘《ナリ》。徒行跣《せん》足《そくニシテ》而至《レリ》。宙驚喜《シテ》発《シ》狂《ヲ》執《リテ》手《ヲ》問《フ》其《ノ》従《よリテ》来《タルヲ》。泣《キテ》曰《ハク》、「君《ガ》厚意如《ク》此《かクノ》寝夢《ニ》相《あひ》感《ズ》。今将《ニ・ルモ》奪《ハント》我《ガ》此《ノ》志《ヲ》、又知《リ》君《ガ》深情《ノ》不《ルヲ》易《かハラ》、思《フ》将《ニ・すルヲ》殺《シテ》身《ヲ》奉報《セントヲ》。是以《テ》亡命《シテ》来奔《スト》。」宙非《ズ》意《ノ》所《ニ》望《ム》、欣躍《スルコト》特《ニ》甚《ダシ》。遂《ニ》匿《かくシ》倩娘《ヲ》于船《ニ》、連夜遁《のがレ》去《ゆク》。倍《シ》道《ヲ》兼《ネ》行《ヲ》、数月《ニシテ》至《ル》蜀《ニ》。

凡《ソ》五年、生《ムモ》両子《ヲ》与鎰絶《ツ》信《ヲ》。其《ノ》妻常《ニ》思《ヒ》父母《ヲ》、涕《てい》泣《きうシテ》言《ヒテ》曰《ハク》、「吾曩《さきノ》日《ニ》不能《ハ》相負《そむクコト》棄《すテテ》大義《ヲ》而

清河　今の河北省清河県。
因官　役所勤めによって。
衡州　今の湖南省衡陽市。
簡静　地味で静か。
子　男の子。
端妍　顔立ちが整って美しい。
絶倫　比類がない。
外甥　姉妹の子。おい。
太原　今の山西省太原市。
容範　容貌や姿。
器重　目をかける。
感想於寤寐　寝ても覚めても思い続ける。
賓僚之選者　地方官の私設秘書で、役人となった者。
鬱抑　ふさぎ込む。
深恚恨　深く心に恨む。
託　かこつける。
当調　転勤。
京　唐の都、長安。
厚遣　旅費を十分に与えて旅立たせる。
山郭　山すその村。
行声　足音。
須臾　まもなく。
跣足　はだし。
発狂　狂わんばかりになる。
殺身　身をなげうつ。
亡命　国から逃げる。

来奔《セリ》君《ニ》。向《いたリテ》今《ニ》五年恩慈間《かん》阻《そス》。覆《ふ》載《さいノ》之下、胡顔《なんノかんばせアリテ》独《リ》存《センヤ》也。」宙哀《シミテ》之《ヲ》曰《ハク》、「将《ニ》帰《ラント》、無《カレト》苦《シムコト》。」遂《ニ》倶《ニ》帰《ル》衡州《ニ》。既《ニ》至《リ》、宙独《ひとり》身先《ヅ》至《リ》鎰《ノ》家《ニ》首《はじメニ》謝《ス》其《ノ》事《ヲ》。鎰曰《ハク》、「倩娘病《ミテ》在《ルコト》閨《けい》中《ちうニ》数年、何《ゾ》其《レ》詭《き》説《せつスルヤト》也。」宙曰《ハク》、「見《げんニ》在《リト》舟中《ニ》。」鎰大《イニ》驚《キ》、促《シテ》使《ム》人《ヲシテ》験《セ》之《ヲ》。果《シテ》見《ル》倩娘《ノ》在《ルヲ》船中《ニ》。顔色怡《い》暢《ちやう》、訊《たづネテ》使者《ニ》曰《ハク》、「大人安《キヤ》否《ヤト》。」家人異《シミ》之《ヲ》、疾走《シテ》報《ズ》鎰《ニ》。室中《ノ》女聞《キ》、喜《ビテ》而起《チ》、飾《リ》粧《さうヲ》更《あらたメ》衣《ヲ》、笑《ヒテ》而不語《ラ》、出《デテ》与《ためニ》相迎《へ》、翕《きふ》然《ぜんトシテ》而合《シテ》為《リ》一体《ト》、其《ノ》衣裳皆重《ナル》。其《ノ》家以《テ》事《ノ》不《ルヲ》正《ナラ》秘《ス》之《ヲ》。惟《ダ》親戚《ノ》間、有《リ》潜《ひそカニ》知《ル》之《ヲ》者。後四十年《ノ》間《ニ》、夫妻《ハ》皆《ともニ》喪《セ》、二男並《ビニ》孝廉《ニシテ》擢第《シテ》至《ル》丞尉《ニ》。

非意所望 思いがけないことである。
倍道兼行 道中を、倍の早さで急いで行く。
蜀 今の四川省。
信 音信。たより。
負 期待にそむく。
大義 子として親に尽くすべきこと。
恩慈間阻 親子の恩愛がへだたる。
覆載 天地。
胡顔独存也 このままで生きているのは面目ない。
謝 告げる。
閨 婦人の部屋。
詭説 でたらめを言う。
見 現実に。「現」に同じ。
促 せきたてる。
験 調べる。
怡暢 にこやかにのびのびとしているさま。
翕然 ぴったりとしているさま。
孝廉 親孝行で、清廉な人。
擢第 科挙に合格する。
丞尉 長官を補佐する官職。

＊「離魂記」は唐代中期の伝奇小説。陳玄祐作。魂魄が肉体を離れる遊魂の物語。

練習問題 1

(1) 次の文を書き下しなさい。

桓公入リレ蜀ニ至ル二三峡ノ中ニ一。部《ぶ》伍《ご》ノ中ニ有リ下得ル二猨子ヲ一者上。其ノ母、縁リテレ岸ニ哀号シ行クコト百余里ニシテ不レ去ラ。遂ニ跳リテ上リレ船ニ、至レバ便即《すなは》チ絶ユ。破リテ視レバ二其ノ腹ノ中ヲ一、腸皆寸《すん》寸《ずん》ニ断エタリ。公聞キテレ之ヲ怒リ、命ジテ黜《しりぞ》ケシム二其ノ人ヲ一。

(『世説新語』巻十九・黜免)

(2) 次の白文を別紙に書き写して、[訓読文] に従って訓点を付けなさい。

且君子之交淡若水小人之交甘若醴君子淡以親小人甘以絶彼無故以合者則無故以離

(『荘子』山木)

[訓読文] 且つ君子の交はりは淡きこと水の若《ごと》く、小人の交はりは甘きこと醴《れい》の若し。君子は淡くして以て親しみ、小人は甘くして以て絶つ。彼の故無くして以て合ふ者は、則ち故無くして以て離る。

第2講　漢文助字の訓法

漢文における品詞　漢文において、語をその文法的性質によって品詞分類すると、大きく実詞（実質的な概念を表し、単独で文の成分となる語）と虚詞（実質的な意味を表さず、単独では文の成分とならない語）に分類される。そのそれぞれの性質をもつ漢字を実字・虚字ともいう。ただ、数詞・量詞・代名詞・副詞については、形式的な意味を有しているという側面を重視した場合、虚字に分類されることもある。

助字は狭義では助詞（下段参照）のことをさすが、広義では虚字とほぼ同じ意味でも用いられる。その場合、「助辞」と書かれることもある。

置き字　広義の助字のうち、訓読しないものを置き字と呼ぶ。

①前置詞・構造助詞の一部

於　　季氏旅《セントス》二於泰山《ニ》一。（場所の意を表す）

乎　　攻《ムルハ》二乎異端《ヲ》一斯《レ》害《アルノミ》也已。（対象の意を表す）

②文中の接続詞

而　　吾十有五《ニシテ》而志《ス》二于学《ニ》一。（前後をつなげる働きをする）

③文末の語気助詞

也　　恭近《ケレバ》二於礼《ニ》一遠《ザカル》二恥辱一也。（断定の意を表す）

漢文の品詞分類　品詞は学説によってさまざまな分類があるが、おおよそ次の通りである。

・実詞（ほぼ自立語に相当する）

名詞…普通名詞・固有名詞。

動詞…動作や変化などを表す。

助動詞…可能・願望・当為などの意を表す（後述参照）。

形容詞…形状・性質などを表す。動詞と形式上の違いがない。

数詞…数を表す。

量詞…助数詞に相当する。

代名詞（代詞）…人称代名詞・指示代名詞・疑問代名詞がある。

副詞…述語に対して、様態・時間・範囲・程度、また、否定・禁止・未来の意を表す。

・虚詞（ほぼ付属語に相当する）

前置詞（介詞とも）…名詞・代詞などの上に付いて、場所（於・于）・理由（為）・手段（以）・起点（自）・共同（与）などの意を表す（後述参照）。

接続詞（連詞）…語や文などをつなぐ（而・且・及など）。

乎　不《ヤ》㆓亦《タ》君子《ナラ》㆒乎。　（詠嘆の意を表す）

与　求《メタルカ》㆑之《ヲ》与抑《モ》与《ヘタルカ》㆑之《ヲ》与。　（疑問の意を表す）

④文中の語気助詞

乎　天《ヤ》乎吾《ニ》無《シ》㆑罪。　（呼びかけの意を表す）

これを不読字ということもある。

返読文字　漢文を訓読する場合、原則として下から返って読む漢字のことを返読文字という。中国語の文法に従って言い表された語の順序が、日本語では異なることから、日本語で言い換えると、その漢字を読む順序を変えなければならないのである。たとえば、次のような働きをする漢字がこれに相当する。

①主語の上に付いて、述語のような働きをする

有（あり）　古《ノ》之学《ブ》者《ニハ》必《ズ》有《リ》㆑師。

無（なシ）　聖人《ニ》無《シ》㆓常《ノ》師㆒。

莫・勿・毋（なかレ）　過《チテハ》則《チ》勿《レ》㆑憚《ルコト》㆑改《ムルニ》。

不（ず）　人不《シテ》㆑知《ラ》而不㆑慍《うらミ》。

非（あらズ）　人《ハ》非《ズ》㆓生《レナガラニシテ》而知《ル》㆑之《ヲ》者《ニ》㆒。

易（やすシ）　三年学《ビテ》不《ルハ》㆑至《ラ》㆓於穀《ニ》㆒不《ルナリ》㆑易《カラ》㆑得也。

難（かたシ）　君子《ハ》易《クシテ》㆑事《ヘ》而難《シ》㆑説《よろこバシメ》也。

多（おほシ）　放《よりテ》㆓於利《ニ》㆒而行《ヘバ》多《シ》㆑怨《ミ》。

少（すくなシ）　越人《ハ》少《シ》㆑恩。

助詞…構造助詞と語気助詞がある（後述参照）。

感動詞（嘆詞）……喜怒哀楽の強い感情、応答などの意を表す。

前置詞　文中にあって、文法上の関係を示す助詞をいう。

時間・場所　於・于（ニ）

起点　自・従・由（より）

比較　於・于・乎（より）

理由・目的　為（ためニ）　因・由（よってテ）以・用（もっテ）

手段　以・用（もっテ）　因（よってテ）

対象　乎（ヲ）

共同　与（と）

受身　於（ニ）

構造助詞　文の組み立て（構造）を明らかに示す働きをする助詞をいう。

①「之」

・連体修飾を示す

然《リ》、固《ヨリ》相師《ノ》之道《ナリ》也。

・節において主述関係を示す

天下《ノ》之無《キヤ》㆑道也久《シ》矣。

・動詞の前に置き目的語を強調する

父母《ハ》唯其《ノ》疾《ヲ》之《レ》憂《フ》。

②「者」

・主題を表す

今《ノ》之孝《ハ》者是《レ》謂《フ》㆓能《ク》養《フコトヲ》㆒。

②自立語的な語の上に付いて、（日本語において）付属語的な働きをする

可・容（べシ）　其《ノ》知《ニハ》可《キナリ》レ及《ブ》也。其《ノ》愚《ニハ》不《ルナリ》レ可《カラ》レ及《ブ》也。

如・若（ごとシ・しク）　祭《ルニハ》レ神《ヲ》如《クス》二神在《いまスガ》一。

不能（あたハず）　正《まさニ》唯弟子《ていし》不《ルナリ》レ能《ハ》レ学《ブコト》也。

被・見（る・らル）　是《ヲ》以《テ》見《タリ》レ放《タ》。

使・令（しム）　令《ム》二騎《ヲシテ》皆下《リテ》レ馬《ヲ》歩行《セ》一。

欲（ほっス）　欲《スレバ》レ速《カナラント》則《チ》不レ達《セ》。

足（たル）　退《キテ》而省《スレバ》二其《ノ》私《わたくしヲ》一亦足《タル》二以《テ》発《スルニ》一。

雖（いへどモ）　雖《モ》レ多《シト》亦奚《なにヲ》以《テ》為《サン》。

与（と）　富《とみト》与《ハ》レ貴《たふとき》是《レ》人《ノ》之所《ナリ》レ欲《スル》也。

自・従（より）　有《リ》レ朋自《リ》二遠方一来《ル》、不《ヤ》二亦《タ》楽《シカラ》一乎。

於・于・乎（より）　青《ハ》出《デテ》二於藍《ヨリ》一青《シ》二於藍《ヨリ》一。

以（もっテ）　以《テ》二其《ノ》子《ヲ》一妻《めあはス》レ之《ニ》。

③修飾語の上に付いて、体言や被修飾語的な働きをする

為（ため（ニ））　為《ニ》レ人《ノ》謀《リテ》而不《ルカ》レ忠《ナラ》乎。

毎（ごとニ）　子入《リテ》二大廟《ニ》一毎《ニ》レ事問《フ》。

所（ところ）　己《ノ》所《ハ》レ不《ル》レ欲《セ》勿《レ》レ施《スコト》二於人《ニ》一。

所以（ゆゑん）　師《ハ》者所《ナリ》二以伝《ヘ》レ道《ヲ》受《ケ》レ業《ヲ》解《ク》一レ惑《ヲ》也。

再読文字　訓読において、一字を二度読む文字を再読文字という。初めは副詞で読み、後で下から返って、その字を助動詞（もしくは動詞）で再び読む。

・条件を表す

不《ンバ》レ殺《サ》者為《ラン》二楚国《ノ》患《ト》一。

③「所」名詞句を構成する

己《ノ》所《ハ》レ不《ル》レ欲《セ》勿《レ》レ施《スコト》二於人《ニ》一。

語気助詞　話し手の叙述内容に対する把握のしかたや、発話・伝達のありかたを表す助詞をいう。

①文末の語気助詞

・断定　也・矣・焉（ナリ）

・詠嘆　哉・夫・乎・歟・矣（カナ）

・疑問　乎・耶・邪・与・也・哉・者（カ・ヤ）

・反語　乎・也・哉・者（カ・ヤ）

・推量　乎・邪・也・哉（カ）

②文中の語気助詞

・語調を調える　其（そレ）　云（ここニ）

・呼びかけ　乎・也（ヤ）

③文頭の語気助詞　夫（そレ）　蓋（けだシ）

惟・維（これ）

代名詞（代詞）

①人称代名詞

・一人称　我・吾（われ（ら）・わ（れら）ガ）

（単数のみ）予・余（われ・わガ）・己（おのれ）自（みづからラ）

（謙称）臣・僕・妾・寡人

・二人称　汝・女・爾・若（なんぢ（ら）・なんぢ（ら）ノ）

後で返って読む送り仮名は左傍に付けられる。再読文字の種類を品詞から見ると、次のようなものがそれに相当する。

①助動詞（能願動詞）の当然・必要・推量などの意を表す語

須（すべかラク…ベシ）　人生ハ得レバ意ヲ須レラクシ尽レス歓ヲ。

宜（よろシク…ベシ）　過チテハ則チ宜レシクシ改レム之ヲ。

応（まさニ…ベシ）　応レニシ知二ル故郷ノ事一ヲ。

当・合（まさニ…ベシ）　及レンデ時ニ当二ニシ勉励一ス。

②副詞のうち、未来の時間を表す語

将（まさニ…ントす）　天将下ニ以二テ夫子一ヲ為中サント木《ぼく》鐸上《たく》ト。

且（さまニ…ントす）　趙且レニ伐レタント燕ヲ。

③副詞のうち、否定・反語を表す語

未（いまダ…ず）　未レダ尽レサ善ヲ也。

蓋（なんゾ…ざル）　蓋三ゾル各《おのおの》ハ言二爾《なんぢ》ノ志一ヲ。

④動詞のうち、比況の意を表す語

猶・由（なホ…ごとシ）　過ギタルハ猶レホシ不レルガ及バ。

（ただし、右の読み方は文脈によって異なる場合もある。）

古くは副詞で読むか助動詞で読むかいずれかであったが、平安時代中期頃から再読文字の訓法が固定化して、今日に至っている。

（尊称）子・君・公・卿・足下

・三人称　其・彼・之（かれ（ら）・か（れら）ノ）

②指示代名詞

・近称　此・是・斯・之（これ・この・ここ・ここノ）

・遠称　彼・其・夫（かれ・かノ・かしこ・かしこノ）

・虚称　或（あるひと）　某（それがし）

・傍称　他・它（ほか）

・無称　莫（なシ）

③疑問代名詞

・人　誰（たれ）・孰（いづレ）

・事物　何・曷・奚・胡（なに）・孰（いづレ）

・場所　悪・烏・安・焉（いづくニ）

・理由　何・曷・胡・奚（なんゾ）

助動詞　動詞の一種だが、特殊な語法を持つ。「能願動詞」ともいう。意味によって分類すると、次のようなものがこれに当たる。

①可能　可（ベシ）　能（よク・あたは［ず］）　得（う）　足（たル）

②願望　欲（ほっス）　願（ねがハクハ）　肯・敢（あヘテ）　忍（しのブ）

③当然・必要・推量　須（すべかラク…ベシ）　応・当・合（まさニ…ベシ）　宜（よろシク…ベシ）

④受動　被・見（る・らル）

課題2・1　大丈夫当如此也

（『史記』高祖本紀）

高祖《ハ》沛豊《はいノほう》邑《いふノ》中陽里《ノ》人《ナリ》。姓《ハ》劉氏、字《あざなハ》季。父《ハ》曰《ヒ》太公《ト》、母《ハ》曰《フ》劉媼《あうト》。其《ノ》先、劉媼嘗《テ》息《いこヒ》大沢《ノ》之陂《はニ》、夢《ニ》与神遇《フ》。是《ノ》時、雷電《シテ》晦冥《ナリ》。太公往《キテ》視《レバ》、則《チ》見《ル》蛟龍《ヲ》於其《ノ》上《ニ》。已《ニシテ》而有《リ》身《みごもル》。遂《ニ》産《ム》高祖《ヲ》。高祖為《リ》人《ト》隆準《ニシテ》而龍顔美《うるはシク》須《しゅ》髯《ぜん》、左《ノ》股《ももニ》有《リ》七十二《ノ》黒子。仁《ニシテ》而愛《シ》人《ヲ》、喜《このミ》施《シヲ》、意豁《くわつじよタリ》如也。常《ニ》有《リ》大度。不事《トセ》家人《ノ》生産作業《ニ》。及《ビ》壮《ニ》試《シテ》為《リ》吏《ト》、為《ル》泗水《ノ》亭長《ト》。廷中《ノ》吏、無《シ》所《トシテ》不《ル》狎《かふ》侮《ぶせ》。好《ミ》酒及《ビ》色《ヲ》、常《ニ》従《ヒテ》王媼・武負《ニ》貰《せいス》酒《ヲ》。酔《ヒテ》臥《スニ》、武負・王媼見《テ》其《ノ》上《ニ》常《ニ》有《ルヲ》龍、怪《シム》之《ヲ》。高祖毎《ニ》酤《かヒテ》留《マリ》飲《ム》酒《ノ》讎《うルルコト》数倍《ス》。及《ビ》見《ルニ》怪《ヲ》、歳竟《としノをはりニ》此《ノ》両家常《ニ》折《リ》券《ヲ》棄《ツ》責《さいヲ》。高祖常《かつテ》繇《えうス》咸陽《ニ》。縦観《しようくわんシテ》観《みル》秦《ノ》皇帝《ヲ》。喟《き》然《ぜんトシテ》太息《シテ》曰《ハク》、「嗟《あ》乎《あ》、大丈夫当《ニ》《シト》如《クナル》此《クノ》也」。

課題2・1『史記』 太古の黄帝から前漢の武帝までを記す中国初の紀伝体の通史。司馬遷著。一三〇巻。紀元前九一年頃に完成。二十四史の一。

高祖　漢の初代皇帝。前二四七～前一九五年。

沛豊　「沛」は県、「豊」は町の名。今の江蘇省豊県。

陂　堤。土手。

晦冥　真っ暗なさま。

隆準　鼻筋が盛り上がって高い。

龍顔　眉の骨が高く突き出た顔立ち。天子の相をいう。

須髯　あごひげとほおひげ。

黒子　ほくろ。

豁如　度量が大きい。

泗水　今の江蘇省沛県の東。

亭長　宿駅の長官。

廷中吏　県の役所の役人。

狎侮　軽んじ侮る。

王媼武負　王ばあさんと武ばあさん。「媼」「負」ともに老婦人。

貰　（借金して）つけで買う。

酤　酒を買う。

讎　代金を支払う。

券　借用書。

棄責　債権を放棄する。

繇　労役に徴用される。

課題2・2　赤壁の戦い

（『十八史略』東漢）

曹操撃ツ二劉表ヲ一。表卒《しゆつ》ス。子琮《そう》、挙ゲテ二荊州ヲ一降ルレ操ニ。劉備奔ル二江陵ニ一。操追フレ之ヲ。備走ル二夏口ニ一。操進メ二軍ヲ江陵ニ一、遂ニ東ニ下ル。亮謂ヒテレ備ニ曰ハク、「請フ、求メント二救ヒヲ於孫将軍ニ一。」亮見テレ権ヲ説クレ之ヲ。権大イニ悦ブ。操遺リテ二権ニ書ヲ一曰ハク、「今治メ二水軍八十万衆ヲ一与ニ二将軍一会猟《くわいれふ》セント於呉ニ一。」権以テ示ス二群下ニ一。莫シレ不ルレ失ハレ色ヲ。張昭請フレ迎ヘントレ之ヲ。魯粛以テ為シ二不可ト一、勧メテレ権ニ召サシム二周瑜《ゆ》ヲ一。瑜至リテ曰ハク、「請フ、得テ二数万ノ精兵ヲ一進ミテ往キ二夏口ニ一、保シテ為ニ二将軍ノ一破ランレ之ヲ。」権抜キレ刀ヲ斫《き》リテ二前ノ奏案ヲ一曰ハク、「諸将吏敢ヘテ言フレ迎ヘントレ操ヲ者ハ与ニ二此ノ案一同ジカラント。」遂ニ以テレ瑜ヲ督セシメ二三万人ヲ一、与レ備并セテレ力ヲ、逆《むかへ》レ操ヲ進ミテ遇フ二於赤壁ニ一。瑜ノ部将黄蓋曰ハク、「操ノ軍ハ方《まさ》ニ連ネ二船艦ヲ一首尾相接ス。可シ二焼キテ而走ラス一也。」乃チ取リ二蒙衝闘艦十艘《そう》ヲ一、載セテ二燥《さう》荻《てき》枯《こ》柴《さい》ヲ一灌ギ二油ヲ其ノ中ニ一、裹《つつ》ミテ二帷《ゐ》幔《まん》ニ一上ニ建テ二旌《せい》旗《き》ヲ一、予メ備ヘテ二走《さう》舸《か》ヲ一繋《つな》グ二於其ノ尾《び》ニ一。先ヅ以テレ書ヲ遺《おく》リレ操ニ、詐リテ為スレ

縦観　見物することを許す。
喟然　ため息をつくさま。
課題2・2『十八史略』　史書。宋末・元初の曽先之撰。二巻。『史記』から『新五代史』までの十七史に『宋史』を加えたダイジェスト版。
曹操　魏の始祖。一五五～二二〇年。二〇八年に赤壁の戦いが起こる。
劉表　後漢末に荊州に割拠した政治家・儒学者。一四二頃～二〇八年。
琮　劉表の後妻が生んだ子、劉琮。
荊州　今の湖北省と湖南省にまたがる地一帯。楚の古名。
劉備　蜀漢の初代皇帝。一六一～二二三年。
江陵　今の湖北省荊州市荊州区。
夏口　今の湖北省夏口県。
亮　諸葛亮、字は孔明。蜀漢の宰相。一八一～二三四年。
孫将軍　呉の初代皇帝、孫権。一八二～二五二年。
会猟　一緒に狩りをする。
周瑜　呉の部将。一七五～二一〇年。
保　請け合う。
斫　斧で切断する。
奏案　臣下の奏上文を置く台。
赤壁　湖北省の長江中流の南岸。

欲《スト》降《ラント》。時《ニ》東南《ノ》風急《ナリ》。蓋、以《テ》十艘《ヲ》最《モ》著《ケ》前《ニ》中江《ニ》挙《ゲ》帆《ヲ》、余船以《テ》次《じヲ》倶《ニ》進《ム》。操《ノ》軍皆指《サシテ》言《フ》、「蓋降《ルト》。」去《ルコト》二里余、同時《ニ》発《ス》火《ヲ》。火烈《シク》風猛《ク》、船《ノ》往《クコト》如《シ》箭《やノ》。焼《キ》尽《シ》北船《ヲ》、烟《えん》焔《えん》張《ル》天《ニ》。人馬溺《でき》焼《せうシ》、死《スル》者甚《ダ》衆《おほシ》。瑜等《ら》率《ヰテ》軽鋭《ヲ》、雷鼓《シテ》大《イニ》進《ム》。北軍大《イニ》壊《やぶレ》、操走《リ》還《ル》。後屢《しばしば》加《フレドモ》兵《ヲ》於権《ニ》、不得志《ヲ》。操歎息《シテ》曰《ハク》、「生《マバ》子《ヲ》当《ニシ》如《クナル》孫仲謀《ガ》。向者《さきノ》劉景昇《ガ》児子《ハ》豚犬《ノミト》耳」。

課題2・3　守成之難

（『貞観政要』君道第一）

貞観十年、太宗謂《ヒテ》侍臣《ニ》曰《ハク》、「帝王《ノ》之業、草創《ト》与守成孰《レガ》難《キト》。」尚書左僕射房玄齢対《ヘテ》曰《ハク》、「天地草昧《ニシテ》群雄競《ヒ》起《ル》。攻《メ》破《リテ》乃《チ》降《シ》、戦《ヒ》勝《チテ》乃《チ》尅《ツ》。由《リテ》此《ニ》言《ヘバ》之《ヲ》、草創《ヲ》為《スト》難《シト》。」魏徴対《ヘテ》曰《ハク》、「帝王《ノ》之起《ルヤ》、必《ズ》承《ケ》衰乱《ヲ》、覆《シ》彼《ノ》昏《こん》狡《かうヲ》、百姓楽《シミ》推《おスヲ》、四海帰《ス》命《ニ》。天授《ケ》人与《フ》。乃《チ》不為《サ》難《シト》。然《レドモ》既《ニ》得《ル》之後、志趣驕逸《ス》。百姓欲《スレドモ》静《カナラント》而

蒙衝　敵船に衝突し突き破る軍船。
闘艦　戦闘する船。
燥荻枯柴　枯れ草や柴。
帷幔　引き幕。
走舸　軽快に走る小舟。快速船。
中江　江の中ほど（まで進ん）で。
以次　その後に続いて。
北船　曹操の船。
軽鋭　軽装の精鋭。
雷鼓　雷のように激しく太鼓を打ち鳴らす。
加兵於権　孫権に戦いを仕掛ける。
孫仲謀　「仲謀」は孫権の字。
劉景昇　「景昇」は劉表の字。
豚犬　豚か犬のようなものだの意。

課題2・3『貞観政要』　唐の太宗と臣下の政治論議を編集した書。呉兢の撰。十巻。八世紀の成立。後代、帝王学の教科書とされた。
貞観十年　六三六年。
草創　基礎を築き始めること。
守成　守り維持すること。
尚書左僕射　尚書省の次官であるが、実質上の筆頭宰相。
房玄齢　唐初期の政治家・歴史家。五七八～六四八年。
草昧　物事が始まったばかりで、まだすべて

徭役不レ休マ。百姓凋残スレドモ而侈《し》務《む》不レ息マ。国ノ之衰弊、恒ニ由リテレ此ニ起コル。以テシテレ斯ヲ而言ヘバ、守成則チ難シト」。太宗曰ハク、「玄齢ハ昔従ヒテレ我ニ定メ二天下ヲ一、備ニ嘗メ二艱苦ヲ一、出デテ二万死ヲ一而遇ヘリ二一生ニ一。所三以ナリル見二草創ノ之難キヲ一也。魏徴ハ与《ともニ》レ我ト安ンズ二天下ヲ一。慮ル下生ゼバ二驕逸ノ之端ヲ一、必ズ践マンコトヲ中危亡ノ之地ヲ上。所三以ナリル見二守成ノ之難キヲ一也。今草創ノ之難キハ既ニ已ニ往ケリ矣。守成ノ之難キハ者当ニレ思フ下与ニ二公等ト一慎マンコトヲ上レ之ヲ」。

魏徴　唐代初期の名臣。五八〇～六四三年。
昏狡　道理にくらく、悪賢い者。
志趣　志向。
驕逸　おごり高ぶって気ままにふるまうこと。
徭役　義務としての労役。
凋残　衰え弱る。
侈務　帝王の贅沢すぎて、無駄な事業。
艱苦　艱難と辛苦。
危亡　危うくなって滅びること。
公等　おまえたち。
慎　気をつける。注意する。

練習問題 2

次の文を書き下しなさい。

盧《ろ》生《せい》、説キテ二始皇ニ一曰ハク、「臣等、求ムルニ二芝《し》・奇薬・仙者ヲ一常ニ弗《ず》レ遇ハ。類《にタリ》三物ノ有ルニ二害スルレ之ヲ者一。方《はう》中《ちうニ》人主ハ時ニ為シ二微行ヲ一、以テ辟《しりぞク》二悪鬼ヲ一。悪鬼辟ケバ、真人至ル。人主ノ所レ居《ニシテをル》而人臣知レバレ之ヲ、則チ害アリ二於神ニ一。真人ハ者入レドモレ水ニ不レ濡《うるほハ》、入レドモレ火ニ不レ爇《やケ》、陵《しのギ》二雲気ヲ一与《ともニ》二天地ト一久長ナリ。今、上《しやう》治メ二天下ヲ一未ダレ能ハ二恬淡ナル一。願ハクハ上ノ所ノレ居ル宮、毋レ令ムルコト二人ヲシテ知ラ一。然ル后《のち》、不死ノ之薬殆《ほとんド》可レ得カラント也。」

（『史記』秦始皇本紀第六）

第3講　漢文表現の訓法

特定の表現文型　ある意味を表すのに、文の中で語（漢字）が一定の配置をとる場合がある。そして、その文型には特定の読み方が対応している。

否定　動作・状態などを打ち消したり、物事を否定したりする意を表す。

○否定

君子不《レバ》レ重《カラ》則《チ》不レ威《アラ》。

賜《ヤ》也非《ズ》二爾《なんぢノ》所《ニ》一レ及《ブ》也。

○二重否定　強く肯定する意を表す。

非《ズ》レ不《ルニ》レ説《よろこバ》二子《ノ》之道《ヲ》一。力不《ルナリ》レ足《ラ》也。

吾未《ダ》二嘗《テ》不《ンバアラ》一レ得レ見《まみユルコトヲ》也。

○全部否定　すべてを否定する意で、全体否定ともいう。

仁者《ハ》必《ズ》不レ禍《セ》レ人《ニ》。

○部分否定　「そうとは限らない、そうでないこともある」の意を表す。

師《ハ》不三必《ズシモ》賢《ナラ》二於弟子《ヨリ》一。

○禁止（否定の命令形）

己《ノ》所《ハ》レ不《ル》レ欲《セ》勿《レ》レ施《スコト》二於人《ニ》一。

父母《ノ》之年《ハ》不レ可《カラ》レ不《ル》レ知《ラ》也。

否定（比較形・累加形をも参照）

①否定・禁止　不（ず）　未（いまダ…ず）　非（ニ）あらズ）　無（なシ）　莫・勿・毋・亡（なシ・なかレ）　盍（なんゾ…ざル）　微（なかりセバ）

②二重否定　無不（ざル（コト）ハなシ）　非不（ざルニあらズ）　無非（（ニ）あらざル（ハ）なシ）　未嘗不（いまダかつテ…ずンバアラず）　不敢不（あヘテ…ずンバアラず）　不可不（ざルべカラず）　無―不（―トシテ…ざルハなシ・―ざる…なシ）

③全部否定　必不（かならズ…ず）　常不（つねニ…ず）　甚不（はなはダ…ず）　倶不（ともニ…ず）　復不（まタ…ず）

④部分否定　不必（かならズシモ…ず）　不常（つねニハ…ず）　不甚（はなはダシクハ…ず）　不倶（ともニハ…ず）　不復（まタ…ず）

⑤単独の用法　不則（しからざレバすなはチ）　未（いまダシヤ）

・「敢不」は反語、「不敢」は強い否定の意を表す。

疑問と反語

○疑問を表す

与（カ）　仲由・冉求《ハ》可《キカ》レ謂《フ》二大臣《ト》一与。

何（なにノ）　伯夷・叔斉《ハ》何人《なんびとゾヤ》也。

孰（たれカ）　弟子孰《カ》為《スカ》レ好《ムト》レ学《ヲ》。

如ー何（（ヲ）いかんセン）　人《ニシテ》而不仁《ナラバ》如《ヲ》レ楽何《セン》。

何如（いかん）　貧《シクシテ》而無《ク》レ諂《へつらフコト》富《ミテ》而無《キハ》レ驕《おごルコト》何如。

何故（なにノゆゑニカ）　何《ノ》故《ニカ》至《レル》二於斯《ここニ》一。

○反語を表す

孰（たれカ）　管氏《ニシテ》而知《ラバ》レ礼《ヲ》孰《カ》不《ラン》レ知《ラ》レ礼《ヲ》。

何（ナンゾ）　夫《レ》何《ゾ》遠《キコトカ》レ之有《ランヤ》。

安（いづくンゾ）　燕雀安《ンゾ》知《ランヤ》二鴻鵠《ノ》之志《ヲ》一。

豈（あに）　若《ごときハ》二聖《ト》与《ノ》レ仁則《チ》吾豈敢《テセンヤ》。

○選択疑問を表す

乎ー乎（…カーカ）　事《つかヘンカ》レ斉《ニ》乎、事《ヘンカ》レ楚《ニ》乎。

与ー孰（…トーといづレカ）　師与《ト》レ商也孰《レカ》賢《レル》。

何如（いづレゾ）　長安《ハ》何如《レゾ》二日《ノ》遠《キニ》一。

疑問形を用いて詠嘆の意を表すこともある。

夫子《ハ》聖者《カ》与。何《ゾ》其《レ》多能《ナル》也。

・「亦不」は普通の否定、「不亦」は反語形となり、詠嘆の意を表す。

疑問と反語

①疑問形　疑問形に用いる語は文脈によって反語の意をも表す。

［代名詞］誰・孰（たれカ）　孰・何（いづレカ）　何（なにヲカ）

［副詞］何・曷・胡・奚（なんゾ）　盍（なんゾ…ざル）　安・悪・焉・烏（いづクンゾ）　悪乎（いづクニ）　何以（なにヲもっテ）　何由（なにニよりテ）　何為（なんすレゾ）　何必（なんゾかならズシモ）　何如・奈何・如何（いかん）　如ー何（ーヲいかんセン）

［語気助詞］乎・哉・耶・邪・歟・与・也（カ・ヤ）　何也（なんゾヤ）　安ー邪（いづくンゾーヤ）

・カは連体形、ヤは終止形につく。

・「如何」は動作性の方法・理由を「何如」は状態を問う意を表す。

②反語だけを表す形

豈ー乎（あにーヤ）　独ー乎（ひとリーヤ）　寧〈庸・詎〉ー乎（なんゾ・いづくンゾーンヤ）　其ー哉（そレーヤ）　不其ー哉（そレーずヤ）　盍（なんゾ…ざル）　不亦ー乎（まターナラずヤ）　敢不（あヘテ…ざランヤ）　不聞（きカずヤ）　不

態

① 受身形

於（ニ…ラる）　労《スル》レ心《ヲ》者《ハ》治《メ》レ人《ヲ》労《スル》レ力《ヲ》者《ハ》治《メラル》二於人《ニ》一。

見（る・らル）　吾嘗《テ》三《タビ》仕《ヘテ》三《タビ》見レ逐《ハ》二於君《ニ》一。

為ー所（ーノためニ…らル）　先《ンズレバ》即《チ》制《シ》レ人《ヲ》後《ルレバ》則《チ》為《ニ》レ人《ノ》所《ル》レ制《セ》。

為（（ト）なル）　而《シテ》身《ハ》為《ル》二宋国《ノ》笑《ト》一。

② 使役形

使（ヲシテ…しム）　使《シメントス》三閔《びん》子《し》騫《けんヲシテ》為《たラ》二費《ノ》宰一。

令（ヲシテ…しム）　令《ム》二騎《ヲシテ》皆下《リ》レ馬《ヲ》歩行《セ》一。

遣（ヲつかはシテ…シム）　漢遣《シテ》二陸賈《ヲ》一説《カシム》二項王《ヲ》一。

その他の文型

① 仮定形

如（もシ）　如《シ》不《ンバ》レ可《カラ》レ求《ム》、従《ハン》二吾《ガ》所《ニ》レ好《ム》。

苟（いやしクモ）　苟《クモ》有《ラバ》レ過《あやまち》、人必《ズ》知《ル》レ之《ヲ》。

仮令（たとヒ…モ）　仮令《ヒ》僕伏《シ》レ法《ニ》受《クルモ》レ誅《ヲ》若《ごとシ》三九牛《ノ》亡《フガ》二一毛《ヲ》一。与二螻《ろう》蟻《ろ》一何《ヲ》以《テ》異《ナランヤ》。

② 抑揚形　前の文をおさえて後の文を上げて強める。

況ー哉（いはンヤーヤ）　王必《ズ》欲《セバ》レ致《サント》レ士《ヲ》先《ヅ》従《リ》レ隗始《メヨ》。況《ンヤ》賢《ナル》二於隗《ヨリ》一者、豈遠《シトセンヤ》二千里《ヲ》一哉。

猶（なホ）　堯舜《スラ》其《レ》猶《ホ》病《メリ》レ諸《これヲ》。

態

見（みずヤ）

（Xを行為の為手、Yを行為の受け手、Zを行為をしむける人とする）

① 受身形　被・見・所（る・らる）　於（二）　為（（ト）なル・る・らる）

[基本文型]（被＝見）

Y［動詞］於X

Y被［動詞］

Y被［動詞］於X

Y被X［動詞］

Y為X所［動詞］

Y為X（之）（所）［動詞］

・位階・官職など受ける意を表す動詞は「ーセラル」と読む。

叙（じょセラル）　任（にんゼラル）　封（ほうゼラル）

② 使役形　使・令・遣・教・俾（（…ヲシテ）…しム）　命（（…ニ）めいジテ…シム）

遣（（…ヲ）つかはシテ…シム）

・「召・教・詔・赴・戒・勧・率」なども、一旦動詞で読み、最後に「シム」と添える。

[基本文型]（使＝令・遣・教・俾）

Z使X［動詞］

Z使［動詞］

③ 比喩形

如（（ノ）ごとシ）　不義《ニシテ》而富《ミ》且《ツ》貴《キハ》、於《テ》レ我《ニ》如《シ》二浮雲《ノ》一。

猶（なホ…（ノ）ごとシ）　猶《ホ》《シ》二吾《ガ》大《たい》夫《ふ》崔《さい》子《しノ》一也。

譬如（たとへバ…（ノ）ごとシ）譬《ヘバ》如《シ》レ為《つくルガ》レ山《ヲ》。

④ 限定形　文末では「…であるだけだ」という強い指定の意を表す。

唯（ただ…ノミ）　唯仁者《ノミ》能《ク》好《ミ》レ人《ヲ》能《ク》悪《にくム》レ人《ヲ》。

已（…のみ）　可《キノミ》レ謂《フ》レ好《ムト》レ学《ヲ》也已。

自非～不（ーニあらザルよりハ…ず）　人《ノ》之性《ハ》多《シ》レ偏《スルコト》。自《リハ》レ非《ザル》二聖人《ニ》一所《ナリ》レ難《キ》レ免《レ》也。

⑤ 累加形　「…だけでなく、さらに（そのうえ）」というように付け加える。

不唯（ただ…ノミナラズ）　不二唯忘《ルルノミナラ》一レ帰《ルヲ》、可《シ》二以《テ》終《フ》一レ老《ヲ》。

非独（ひとリ…ノミニあらズ）　非《ズ》二独《リ》羊《ノミニ》一也、治《ムルモ》レ民《ヲ》亦猶《ホ》《シ》レ是《クノ》也。

豈徒（あにただ…ノミナランヤ）　今《ノ》之君子《ハ》豈徒《ダ》従《フノミナランヤ》レ之《ニ》。

⑥ 比較形

於（…ヨリ）　季氏《ハ》富《メリ》二於周公《ヨリモ》一。

不如（（二）しカず）　好《ム》レ之《ヲ》者《ハ》不レ如《カ》二楽《シム》レ之《ヲ》者《ニ》一。

寧（むしロ）　寧《ロ》為《ルモ》二鶏口《ト》一無《レ》レ為《ルコト》二牛後《ト》一。

莫若（しクハなシ）　莫《シ》レ若《クハ》二六国従親《シテ》以《テ》擯《しりぞクルニ》レ秦《ヲ》。

与ー寧（無寧）（ーよりハむしロ）　且《ツ》予《われ》与《リハ》三其《ノ》死《セン》二於臣《ノ》之手《ニ》一也、無《む》寧《しろ》死《センヤ》二於二《に》三《さん》子《しノ》之手《ニ》一乎。

仮定形　若・如・説・即・仮（もシ…バ）　苟（いやしクモ…バ）　仮令・縦・縦令・仮使・仮若（たとヒ…トモ）　微（なかりセバ）

抑揚形　況ー(乎)(いはンヤーヲヤ)　況於ー(乎)(いはンヤーニおいテヲヤ)　且（スラかつ）　猶（スラなホ）　以ー而（ーヲもっテスラしかモ）　且ー況（スラかつ…。いはンヤ…ヲヤ）　猶ー安（スラなホー。いづくんゾ…センヤ）

比喩形　如・若（（ノ）ごとシ）　如ー然（ーノごとクしかリ）　猶（なホ…（ノ）ごとシ）　譬如（たとへバ…（ノ）ごとシ）　譬猶（たとへバなホ…（ノ）ごとシ）

限定形　唯・惟・但・秖・徒・只（ただ…ノミ）　直ー耳（ただーノミ）　已・而已・而已矣・耳・爾（ノミ）　自非ー不（ーニあらザルよりハ…セず）

累加形　不唯（ただニ…ノミナラず）　非独（ひとリ…ノミニあらズ）　豈徒（ー哉）（あにたダーノミナランヤ）

比較形　於(…ヨリ(モ))　不如(若)(…(ニ)しカず)　莫(無)如(若)(…しクハなシ)　無・莫ー於（…ヨリーナルハなシ）　与ー不若（ーよりハ…しカず）

課題3・1　師説　韓愈

（『唐宋八大家文読本』）

古《ノ》之学《ブ》者《ニハ》必《ズ》有《リ》レ師。師《ハ》者所二以《ナリ》伝《ヘ》レ道《ヲ》受《ケ》レ業《ヲ》解《ク》一レ惑《ヲ》也。人《ハ》非《ズ》二生《レナガラニシテ》而知《ル》レ之《ヲ》者《ニ》一。孰《カ》能《ク》無《カラン》レ惑。惑《ヒテ》而不《レバ》レ従《ハ》レ師《ニ》、其《ノ》為《たルヤ》レ惑也、終《つひニ》不《ルナリ》レ解《ケ》矣。生《マレテ》二乎吾前《ニ》一、其《ノ》聞《クヤ》レ道《ヲ》也、固《ヨリ》先《ナラバ》二乎吾《ヨリ》一、吾従《ヒテ》而師《トセン》レ之《ヲ》。生《マレテ》二乎吾《ガ》後《ニ》一、其《ノ》聞《クヤ》レ道《ヲ》也、亦《タ》先《ナラバ》二乎吾《ヨリ》一、吾従《ヒテ》而師《トセン》レ之《ヲ》。吾《ハ》師《トスルナリ》レ道《ヲ》也。夫《レ》庸《なんゾ》知《ランヤ》三其《ノ》年《ノ》之先二後生《ナルヲ》於吾《ヨリ》一乎。是《ノ》故《ニ》無《ク》レ貴《ト》無《ク》レ賤《ト》、無《ク》レ長《ト》無《ク》レ少《ト》、道《ノ》之所《ハ》レ存《スル》師《ノ》之所《ナリ》レ存《スル》也。

嗟《あ》乎《あ》、師道《ノ》之不《ルヤ》レ伝《ハラ》也久《シ》矣。欲《スルヤ》二人《ノ》之無《カラント》一レ惑《フコト》也難《シ》矣。古《ノ》之聖人《ハ》其《ノ》出《ヅルヤ》レ人《ニ》也遠《シ》矣。猶《ホ》且《ツ》従《ヒテ》レ師《ニ》而問《フ》焉。今《ノ》之衆人《ハ》其《ノ》下《ルヤ》二聖人《ニ》一也亦《タ》遠《シ》矣。而《モ》恥《ヅ》レ学《ブコトヲ》二於師《ニ》一。是《ノ》故《ニ》聖《ハ》益《ますます》聖《ニシテ》、愚《ハ》益愚《ナリ》。聖人《ノ》之所二以為《たル》一レ聖、愚人《ノ》之所二以《ハ》為《ル》一レ愚、其《レ》皆出《ヅルカ》二於此《ニ》一乎。

愛《シテハ》二其《ノ》子《ヲ》一、択《ビテ》レ師《ヲ》而教《フ》レ之《ヲ》。於《テヤ》二其《ノ》身《ニ》一也、則《チ》恥《ヅルハ》レ師《トスルヲ》

課題3・1『唐宋八大家文読本』 唐宋の名文集。明の茅坤編『唐宋八大家文鈔』、清の儲欣編『唐宋八大家類選』を沈徳潜が抜粋し編纂したもの。三〇巻。「唐宋八大家」とは、唐の韓愈・柳宗元、宋の欧陽脩・蘇洵・蘇軾・蘇轍・曽鞏・王安石をさす。

学者　道議を学ぶ者。
道　道理。人の行うべき道。
業　学業。
惑　理性を失って、判断が定まらないこと。
生而　生まれたままで
固　もともと。本来。
庸　どうして。反語の意。
先後生　先生と後生、すなわち先に生まれることと、後に生まれること。
嗟乎　ああ。感歎することば。
師道　先生の正しいあり方。
出人　多くの人たちよりすぐれていること。
下　劣っている。
其子　その人自身の子。
其身　その人自身。
句読　句点と読点、すなわち文章の読み方。
或不　ある時はそうではない。「不」は上の内容を否定した表現。
小　小さな、字句の読み方。
大　大きな、人の道。

焉惑《ヘリ》矣。彼《ノ》童子《ノ》之師《ハ》、授《ケテ》之《ニ》書《ヲ》而習《ハシムル》其《ノ》句読《ヲ》者《ナリ》也。非《ザルナリ》吾《ガ》所《いは》謂《ゆる》伝《ヘ》其《ノ》道《ヲ》解《ク》其《ノ》惑《ヲ》者《ニ》也。句読《ノ》之不《ル》知《ラ》、惑《ノ》之不《ル》解《ケ》、或《イハ》師《トシ》焉或《イハ》不《しからず》焉。小《ヲ》学《ビテ》而大《ヲ》遺《わすル》。吾未《ダルナリ》見其《ノ》明《ヲ》也。

巫医《ふい》楽師百工《ノ》之人《ハ》不恥《ヂ》相《あひ》師《しトスルヲ》。士大夫《ノ》之族、曰《ヒ》師《ト》曰《フト》弟子《ト》云《ハバ》者、則《チ》群《ガリ》聚《マリテ》而笑《フ》之《ヲ》。問《ヘバ》之《ヲ》則《チ》曰《ハク》、「彼《ト》与《ハ》彼年相《あひ》若《しケリ》也、道相似《タリト》也。」位卑《シケレバ》則《チ》足《リ》羞《ヅルニ》、官盛《ンナレバ》則《チ》近《シ》諛《へつらフニ》。嗚《あ》呼《あ》、師道《ノ》之不《ルコト》復《セ》可《シ》知《ル》矣。巫医楽師百工《ノ》之人《ハ》君子不歯《よはひセ》。今其《ノ》智《ハ》乃《チ》反《ツテ》不能《ハ》及《ブコト》。其《レ》可《キカナ》怪《シム》也歟。

聖人《ニ》無《シ》常《ノ》師。孔子《ハ》師《トス》郯子《たんし》・萇弘《ちやうこう》・師襄《しじやう》・老聃《らうたんヲ》。郯子《ノ》之徒《ハ》、其《ノ》賢不及《バ》孔子《ニ》。孔子曰《ハク》、「三人行《ヘバ》則《チ》必《ズ》有《リト》我《ガ》師。」是《ノ》故《ニ》弟子《ハ》不必《ズシモ》不《ンバアラ》如《カ》師《ニ》。師《ハ》不必《ズシモ》賢《ナラ》於弟子《ヨリ》。聞《クニ》道《ヲ》有《リ》先後。術業《ニ》有《リテ》専攻、如《キノミ》斯《クノ》而已。李氏《ノ》子蟠《ばん》、年十七。好《ミ》古文《ヲ》六《りく》芸《げい》経伝皆通《ジテ》習《ヘリ》

明　明らかな眼識。道理をわきまえる明知。
巫　「巫」は、みこ、女のかんなぎ。
医　医者のこと。古代では、巫女が神がかって医術を行った。
楽師　音楽を業とする者。
百工之人　普通の技術者。
士大夫　官位に就いている者。
年相若也　年が同じほどある。
道相似也　修めた道も似ている。
復　もとの状態に戻る。
君子　官位・官職の立派な人。
歯　同列になる。仲間に入る。
常師　一定の先生。
孔子　『論語』子張篇に「何の常の師か之れ有らん」と見える。
郯子　郯（今の山東省にあった国）の子爵。孔子は官職名を学んだ。
萇弘　周の敬王の大夫。孔子は音楽を学んだ。
師襄　琴の名人。孔子は音楽を学んだ。
老聃　老子。孔子は礼を学んだ。
三人　多くの人。
術業　学術や事業。
如斯　孔子が衆人に学んだこと。
李氏子蟠　李蟠。八〇三年の進士。
古文　六朝以後の四六駢儷文ではない、自由な形式の秦漢以前の文章。
六芸　詩経・書経・易経・春秋・礼記、およ

之《ヲ》。不《シテ》レ拘《ハラ》二於時《ニ》一、請《フ》二学《ブコトヲ》於余《ニ》一。余嘉《よみシ》三其《ノ》能《ク》行《フヲ》二古道《ヲ》一、作《リテ》二師説《ヲ》一以《テ》貽《おくル》レ之《ニ》。

課題3・2　五柳先生伝　陶淵明

（『古文真宝（後集）』）

先生《ハ》不レ知《ラ》二何《いづ》許《こノ》人《ナルカヲ》一。亦《タ》不レ詳《カニセ》二其《ノ》姓字《ヲ》一。宅辺《ニ》有《リ》二五柳樹一。因《リテ》以《テ》為《ス》レ号《ト》焉。閑靖《ニシテ》少《ナク》レ言、不レ慕《ハ》二栄利《ヲ》一。好《ンデ》読《メドモ》レ書《ヲ》、不レ求《メ》二甚《シクハ》解《センコトヲ》一。毎《ニ》レ有《ル》二意《ニ》会《フコト》一、便《チ》欣然《トシテ》忘《ル》レ食《ヲ》。性嗜《メドモ》レ酒《ヲ》、家貧《ニシテ》不レ能《ハ》二常《ニハ》得《ルコト》一。親旧知《リテ》二其《ノ》如《クナルヲ》一レ此《クノ》、或《イハ》置酒《シテ》而招《ケバ》レ之《ヲ》、造《リ》飲《ンデ》輒《チ》尽《ス》。期《スルハ》在《リ》二必《ズ》酔《フニ》一。既《ニ》酔《ヒテ》而退《クトキハ》、曾《テ》不レ吝《やぶさかニセ》二情《ヲ》去留《ニ》一。環《くわん》堵《と》蕭《せう》然《ぜんトシテ》、不レ蔽《おほハ》二風日《ヲ》一。短《たん》褐《かつ》穿結《シ》、箪《たん》瓢《べう》屢《しばしば》空《シケレドモ》、晏《あん》如《じょタリ》也。常《ニ》著《シ》二文章《ヲ》一自《ラ》娯《シミ》、頗《ル》示《シ》二己《ガ》志《ヲ》一、忘《ル》二懐《おもひヲ》得失《ニ》一。以《テ》レ此《ここヲ》自《ラ》終《フ》。

賛《ニ》曰《ハク》、「黔《けん》婁《ろう》有《リ》レ言《ヘルコト》。不レ戚二戚《タラ》於貧賤《ニ》一。不《ト》レ汲二汲《タラ》於富貴《ニ》一。」極《ムレバ》二其《ノ》言《ヲ》一、茲《かク》若《ノごとキ》人《ノ》之儔《ともがらカ》乎。酣觴《シテ》賦《シ》レ詩《ヲ》、以《テ》楽《シマシム》二其《ノ》志《ヲ》一、無懐氏《ノ》之民《カ》歟。葛天氏《ノ》之民《カ》歟。

び楽経。儒教の経典。

経伝　経は儒家の教えを記した書、伝はその解説書のこと。

貽　贈る。

課題3・2『古文真宝（後集）』　漢代から宋代までの詩や散文を収めた書。黄堅の編、宋末・元初の成立とされる。前集に詩、後集に散文を収める。初学者必読の書とされた。

閑靖　静かで心安らかなさま。

栄利　名誉と利益。

親旧　親戚や旧友。

会意　意にかなう。

置酒　酒席を用意する。

造飲　やってきて酒を飲む。

輒　その度ごとに。

吝情　未練に思う。

去留　行くことと、とどまること。

環堵　一丈四方の小さな家。

蕭然　荒れ果てて、がらんとしたさま。

短褐　丈の短い粗末な麻布の服。

穿結　服の破れをつづってある。

箪瓢　竹で編んだ飯を盛る器と、飲み物などを入れるひさご。

晏如　安らかで落ち着いたさま。

練習問題3

次の文を書き下しなさい。

夫天地者、万物之逆旅、光陰者百代之過客。而浮生若夢。為歓幾何。古人秉《とリテ》燭夜遊。良《まことニ》有以《ゆゑ》也。況陽春召《まねクニ》我以煙景、大塊仮我以文章。会桃李之芳園、序天倫之楽事。群季俊秀、皆為恵連。吾人詠歌、独慚《はヅ》康楽。幽賞未已、高談転《うたタ》清。開瓊《けい》筵《えん》以坐華《はなニ》、飛羽觴而酔月。不有佳作、何伸雅懐。如詩不成、罰依金谷酒数。

（李白「春夜宴桃李園序」）

頗　少々。多少。
賛　功績や人徳をほめたたえる文。
黔婁　春秋時代の斉の隠者。諸侯の招きを断り、清貧に暮らした。
戚戚　思いわずらうさま。
汲汲　休まずにつとめるさま。
儔　たぐい。仲間。
酣觴　盛んに酒を飲むこと。
無懐氏　民は貧しくとも安楽な生活を送った太古の帝王の名。
葛天氏　無為自然のままに世を治めた太古の帝王の名。

第4講　日本漢字音の体系

中国語音韻の歴史　中国語も歴史的な変遷を経てきているから、一口に漢文とは言っても時代によってそれぞれ違いが見られる。音韻の点から見ると、次のように区分される。

Ⅰ上古音…諸子百家の書や『楚辞』などに現れた音韻体系で、周・秦・漢の時代のものをいう。押韻の分類整理により、周・秦代の韻として三〇前後の部が推定されている。

Ⅱ中古音…『切韻』（陸法言ら編　六〇一年）および『広韻』（陳彭年ら編一〇〇八年）に反映された音韻体系で、隋・唐時代のものをさす。声調だけの相違によるものを含め、『切韻』では一九三韻、『広韻』では二〇六韻に分類される。

Ⅲ近古音…『中原音韻』（周徳清編　一三二四年）を代表とする音韻体系で、宋・元・明の時代のものをさす。中古音の入声の韻尾が用いられなくなったこと、声母は二五種となったことなどが大きな特徴である。

Ⅳ近代音…『中原音韻』よりさらに現代北方語の体系に近い、清の時代の音韻体系をいう。現代北京語の体系的枠組みはほぼ一八世紀には成立した。

全体として中国語の音韻体系は時代が下るに従って簡素化されてきた。こ

中国語の時代区分　中国語の歴史は、さまざまな観点から時代区分される。音韻史とは別に、文法史の観点から、次のように六つに区分することもある。

（1）上古漢語…殷・周から前漢まで（紀元前約十五世紀～紀元前後）。
（2）中古漢語…後漢から隋末唐初まで（一～七世紀）。
（3）近代漢語前期…唐初から五代末まで（七～十一世紀）。
（4）近代漢語中期…宋初から元末まで（十一～十四世紀）。
（5）近代漢語後期…元末から清初まで（十四～十八世紀中葉）。
（6）現代漢語…十八世紀中葉以降。

時代区分の名称もさまざまあり、「上古」を「古代」、「中古」を「中世」、「近代」を「近世」などとも呼ぶ。

このような時代区分の名称は、ヨーロッパのルネサンス期以降に用いられるようになったもので、模範とすべき「古代」、その再生（ルネサンス）である「近代」、その中間を「中世」と呼んだ。のちに、歴史時代が長くなり、市

れによって音韻的に区別される音節の種類は少なくなったのであるが、その一方で語が多音節化する、つまり熟語が増加することによって、語彙的な区別は保たれたといえよう。

漢字音　中国語の音韻論では、語頭の子音を「声」、語頭子音以外の母音を含む部分を「韻」と呼ぶ。後者は、漢詩における押韻という場合の韻のことである。それらの種類については学説によって少し異なるが、隋唐時代の声（頭子音）はおよそ三七、介音はy・w、母音（中核母音）はおよそ九つあったと見られる。また、韻尾には母音韻尾のi・u（副母音）のほか、子音韻尾のm・n・ŋ（撥韻尾）とp・t・k（入声韻尾）があった。

中国漢字音は、伝来すると、日本語の音韻体系に合うように字音が変化した。このような日本語としての字音を日本漢字音という。これには大きく分けて呉音と漢音とがある。

呉音　呉音は百済を経由して伝わった字音体系で、古くは和音、対馬音とも呼ばれた。百済は六朝時代（四二〇～五八九）の中国南朝と交流があり、その長江下流域（呉と呼ばれる地方）で行われていた字音を移入した。その百済から日本は六世紀に儒学・仏教を受容し、それにともなって字音も長江下流域に由来するものを取り入れることとなった。その字音は「極楽」「経文」「精進」などの仏教用語、「奉行」「謀反」などの律令用語、「一」「二」「六」「百」などの数詞のほか「人間」「下巻」「化粧」「絵」「文字」などの日常的に用いる語などに広く用いられ、今日に至っている。

民革命・産業革命以前を「近世」ともいうようになった。

中国語（字音）の音韻構造

隋・唐時代の「官」

平声……声調
／
n……韻尾
a……母音　（韻）
w……介音
k……頭子音　（声）

日本漢字音クワン
（字音仮名遣による）

韻尾と日本漢字音

◎撥韻尾
・m→ン（古くム）　三サン（サム）
・n→ン　山サン
・ŋ→ウ　東トウ

◎入声韻尾
・p→ウ（フ）　葉ヨウ（エフ）
（字音仮名遣いではフ）
・t→チ・ツ　一イチ　失シツ
・k→キ・ク　癖ヘキ　薬ヤク

◎母音韻尾（副母音）
・i→イ　愛アイ
・u→ウ　厚コウ

呉の地方の発音は、都（中央）のことばから見れば標準的なものではなかった。呉音という名称は、そのような標準的でない字音という意に由来するものであって、呉の地方で用いられていた字音であることを意識して当初から用いられたものではない。それは、たまたま標準でない字音が、呉の地方の字音という名で代表されたに過ぎない。

漢音　漢音は遣唐使たちが直接日本にもたらした字音体系である。六〇七年に遣隋使小野妹子が派遣されて以降、六三〇年に最初の遣唐使が遣わされ、八九四年まで一九回にわたって派遣された。その遣唐使たちが帰国して、唐の都、長安（中国の北方、黄河中流域）の音韻に基づく漢字音を採用することを主張した。中国、すなわち漢の標準音という意で漢音と呼ばれ、また、和音（呉音）に対して、正音とも呼ばれた。

七世紀末には音博士として母語話者を任用したのを始め、奈良時代末期には朝廷は呉音を斥けて、正音（漢音）の使用を学者や僧侶に奨励した。しかし、呉音はすでに日本語に深く浸透していたため廃棄されることなく、今日まで漢音と並存しているのである。ただ、博士家を中心とした学者の間では、漢籍の訓読において漢音の使用が定着した。そして、江戸時代に儒教が普及するにともなって、呉音に換わって漢音が用いられることが多くなってきた。たとえば、「男女」（ナンニョ→ダンヂョ）、「精霊」（シャウリャウ→セイレイ）などのように、語形の変化した漢語も少なからず見える。

呉音・漢音の対照　呉音と漢音とがそれぞれ基盤とする字音体系には、中国

声調　中国語における高低アクセント。隋唐時代には、平声・上声・去声・入声の四種があり、これを四声という。そのそれぞれの表す高低関係は時代や地域によって異なる。

三十六字母・十六摂　中国音韻学では、頭子音を声（声母）と呼び、それに代表的な字をあてている。たとえば、kは見母、mは明母などと呼ぶ。十世紀頃成立した『韻鏡』には、それが三十六字示されていることから、三十六字母と呼ばれる。ただし、隋唐時代の子音は三七もしくは四一であったとされる。一方、よく似た韻をおおまかに一六に分類したものを十六摂と呼んでいる。

反切　ある一つの漢字の音を、既知の二つの漢字を用いて表す方法。「東」を「徳紅反（後に徳紅切）」（「徳紅の反（徳紅の切）」と読む）と表す類で、上の漢字（反切上字、右例では「徳」）で声（頭子音）、下の漢字（反切下字、右例では「紅」）で韻を表し、「東」について言えば、声がt、韻がuŋ／平声であることを示す。

古音　漢字は四世紀末以降、本格的に日本列島に伝わった。その字音は当時朝鮮半島で用いられていた発音に基づくもので、上古漢語の音韻を反映していると言われている。この、「支」をキ、「止」をトなどと読む類は七世紀中葉まで日本でもよく用いられた。

における地域的および時代的な差異が反映されていて、両者には密接な関係が見られる。伝来した時代に幅があり、また伝来の経緯も一様ではないため、必ずしもそれらが合理的に対応しているとは限らないとはいえ、呉音と漢音には原則的な対応関係があることを知っておくことは日本漢字音を理解する上で有用である。たとえば、声母で見ると、中古音での明母mは呉音マ行・漢音バ行、泥母nは呉音ナ行・漢音ダ行、日母rは呉音ナ行・漢音ザ行となるほか、並母b、定母d、群母g、従母dzでは、それぞれ呉音が濁音バダガザ、漢音が清音ハタカサの各行となるという対応が見られる。また、韻母では、それぞれの音韻変化を反映して韻ごとにそれぞれ対応が見られる。

呉音	漢音	例
マ行	バ行	美武米万文木物馬
ナ行	ザ行	人然日如柔若
ダ行	タ行	大代土重直定地
ザ行	サ行	自成存神上寂
ーエ	ーイ	衣気
ーウ	ーオウ	口豆部
ーオン	ーイン	金近品隠音
ーヤク	ーエキ	役赤逆

呉音	漢音	例
ナ行	ダ行	男女尼奴内納辱
バ行	ハ行	貧煩凡平白夫奉
ガ行	カ行	権強極勤求
ーエ	ーオ	仮下化馬
ーウ	ーオ	都図奴歩
ーオン	ーエン	言建厳権遠
ーヤウ	ーエイ	京形成丁平名令
ーイキ	ーヨク	色食直力

唐音　十二世紀以降には栄西・道元などの禅僧が入宋したり、中国人僧が来日したりして、中国江南の浙江地方の方言音に基づく字音がもたらされた。その後、江戸時代には、来日した禅僧のほか、長崎通事を通して日本語に入ってきた。このような字音を総称して「唐音」（唐宋音または宋音とも）と呼ぶ。「唐土」（中国）の音という意で用いられた名称である。

　唐音の特徴は、入声韻尾がない（行脚の脚をギャと読む類）、呉音・漢音でタ行音のものがサ行音になる（喫茶の茶をサと読む類）、呉音・漢音でア段音がオ段音となる（暖・簾の暖をノ、蒲団の団をトンと読む類）、ŋ韻尾の字をンとする（行脚の行をアン、普請の請をシンと読む類）などがあげられる。

慣用音　日本で独自の変化をした字音をさす。本来の字音では「立」はリュウ（リフ）、「戯」はキであるが、今日ではこれらをそれぞれリツ、ギ・ゲと発音している。中には「洗滌」の「滌」のように、本来はデキと読むべきだが、形声符（諧声符）の「条（條）」に引かれてジョウと読むといった誤った類推によるものもある。

課題4・1　『妙法蓮華経』授学無学人記品第九

爾《ソノ》時《ニ》世尊、見《ル》学無学二千人《ヲ》。其《ノ》意柔軟《ニ》、寂然清浄《ニシテ》、一心《ニ》観《ル》仏《ヲ》。仏告《グ》阿難《ニ》、「汝見《ルヤ》是《ノ》学無学二千人《ヲ》不《いなヤ》。」「唯然已《ニ》見《ル》。」「阿難、是《ノ》諸人等《ハ》、当《ニ》《シ》供養《シ》五十世界微塵数《ノ》諸仏如来《ヲ》、恭敬尊重《シ》、護持《シテ》法蔵《ヲ》、末後《ニ》同時《ニ》、於《テ》十方《ノ》国《ニ》、各得成仏《スルコト》。皆同《ジク》一号《ニシテ》、名《ケテ》曰《ハン》宝相如来・応供・正遍知・明行足・善逝・世間解・無上士・調御丈夫・天人師・仏・世尊《ト》。寿命一劫《ナラン》。国土《ノ》荘厳・声聞・菩薩・正法・像法、皆悉《ク》同等《ナラン》。」

爾《ノ》時《ニ》世尊、欲《シテ》重《ネテ》宣《ベント》此《ノ》義《ヲ》而説《キテ》偈《ヲ》言《ハク》、

是《ノ》二千《ノ》声聞　今於《テ》我《ガ》前《ニ》住《ス》
悉《ク》皆与《ヘ》授記《ヲ》　未来《ニ》当《ニ》《シ》成仏《ス》
所《ノ》供養《スル》諸仏《ハ》　如《クシテ》上《ニ》説《ク》塵数《ノ》
護持《シ》其《ノ》法蔵《ヲ》　後《ニ》当《ニ》《シ》成《ス》正覚《ヲ》

課題4・1『妙法蓮華経』 代表的な大乗仏教経典。釈迦こそが永遠の仏であることなどを説く。現存する漢訳は三種で、四〇六年に鳩摩羅什が訳した『妙法蓮華経』（八巻）が広く流布した。

世尊　世の中で最も尊い者。釈迦。

学　仏の真理を知るが、まだ迷いがあり修行すべき余地のある者。

無学　煩悩を断ち、もはや修行すべきもののない境地にある者。

其意　学無学二千人の心、の意。

仏　全てを悟った者。

阿難　十大弟子の一人。釈迦の従弟。

唯然　はい、と肯定するさま。

法蔵　仏が説いた教え。

末後　最後の生において

宝相如来　学無学二千人がなる未来仏。「如来」は真実の世界の者の意。

応供　供養を受けるのにふさわしい徳のある者。以下、如来の別号である十号を記す。

正遍知　完全に真理を悟った者。

明行足　智慧と実践力が足りた者。

善逝　智慧によって迷いから抜け出て、物事にとらわれない者。

世間解　世間のことをよく知る者。

無上士　この上ない人格者。

調御丈夫　救いを求める人を、うまく仏道に

各於《テ》二十方《ノ》国《ニ》一　悉《ク》同《ジ》一名号《ナラン》

倶時《ニ》坐《シテ》二道場《ニ》一　以《テ》証《シ》二無上慧《ヲ》一

皆名《ケテ》為《せン》二宝相《ト》一　国土及《ビ》弟子

正法《ト》与二像法一　悉《ク》等《シクシテ》無《ケン》レ有《ルコト》レ異《ナルコト》

咸《ク》以《テ》二諸《ノ》神通《ヲ》一　度《シ》二十方《ノ》衆生《ヲ》一

名聞普《ク》周遍《シテ》　漸《ク》入《ラン》二於涅槃《ニ》一

爾《ノ》時《ニ》学無学二千人、聞《キテ》二仏授記《ヲ》一、歓喜踊躍《シテ》而

説《キテ》レ偈《ヲ》言《ハク》、

世尊《ハ》慧《ノ》燈明《ナリ》　我聞《キテ》二授記《ノ》音《ヲ》一

心《ニ》歓喜充満《セルコト》　如《シ》二甘露《ヲモテ》見《るルガ》レ潅《そそガ》一

課題4・2　漁父辞　（『楚辞』第七）

屈原既《ニ》放《タレテ》、遊《ビ》二於江潭《ニ》一、行《ゆくゆく》吟《ズ》二沢畔《ニ》一。顔色憔悴《シ》、形容枯槁《ス》。漁《ぎょ》父《ほ》見《テ》而問《ヒテ》レ之《ニ》曰《ハク》、「子《しハ》非《ズヤ》二三《さん》閭《りょ》大夫《ニ》一与。何《ノ》故《ニ》至《レルト》二於斯《ここニ》一」屈原曰《ハク》、「挙《ゲテ》レ世《ヲ》皆濁《リテ》、我独《リ》清《すメリ》。衆人

導くことのできる者。

天人師　神も人間も教え導く者。

一劫　極めて長い時間。

声聞　仏の説法を聞く弟子。

菩薩　悟りを求める修行者。

正法　正しい仏法が行われる時期。

像法　正しい仏法が行われないため、悟りを開く者が出ない時期。

偈　仏の徳を称える詩。

正覚　真の悟り。

名号　仏や菩薩の名前。

倶時　時同じくして、の意。

証　裏づける。さとる。

無上慧　この上ない、悟りの智慧。

神通　超人的な能力。

度　悟りの境地に導く。

名聞　名声。

涅槃　悟りの境地。

授記　弟子に対する成仏の予言。

慧燈明　智慧の光をともして、真の悟りに導くもの。

甘露　苦悩を除き、長寿を保ち、死からも蘇らせるという甘い霊液。

課題4・2　『楚辞』　戦国時代、南方の楚国で謡われた、感情を強く表出する詩の形式「辞」を集成した書。

皆酔《ヒテ》、我独《リ》醒《メタリ》。是《ヲ》以《テ》見《るト》レ放《タ》。」漁父曰《ハク》、「聖人《ハ》不《シテ》レ凝二滞《セ》於《ニ》物一、而能《ク》与《ニ》レ世推移《ス》。世人皆濁《ラバ》、何《ゾ》不《ル》下淈《にごシテ》二其《ノ》泥《ヲ》一而揚《ゲ》中其《ノ》波《ヲ》上。衆人皆酔《ハバ》、何《ゾ》不《ル》下餔《くらヒテ》二其《ノ》糟《かすヲ》一而歠《すすラ》中其《ノ》釃《しるヲ》上。何《ノ》故《ニ》深《ク》思《ヒ》高《ク》挙《あがリテ》、自《ラ》令《ムルヲ》レ放《タレ》為《スト》。」屈原曰《ハク》、「吾聞《ケリ》レ之《ヲ》。新《タニ》沐《スル》者《ハ》必《ズ》弾《キ》レ冠《ヲ》、新《タニ》浴《スル》者《ハ》必《ズ》振《ふるフト》レ衣《ヲ》。安《ンゾ》能《ク》以《テ》二身《ノ》之察察《タルヲ》一、受《ケンヤ》二物《ノ》之汶《もん》汶《もんタル》者《ヲ》一乎。寧《ロ》赴《キテ》二湘流《ニ》一、葬《ラルトモ》二於江魚《ノ》之腹中《ニ》一、安《ンゾ》能《ク》以《テシテ》二皓皓《ノ》之白《キヲ》一而蒙《ランヤト》二世俗《ノ》之塵《じん》埃《あいヲ》一乎。」漁父莞爾《くわんじトシテ》而笑《ヒ》、鼓《こシテ》レ枻《えいヲ》而去《ル》。乃《チ》歌《ヒテ》曰《ハク》、

滄浪《ノ》之水清《マバ》兮　可《シ》三以《テ》濯《あらフ》二吾《ガ》纓《えいヲ》一
滄浪《ノ》之水濁《ラバ》兮　可《シ》三以《テ》濯《フ》二吾《ガ》足《ヲ》一

遂《ニ》去《リテ》不二復《タ》与《ともニ》言《ハ》一。

（＊「漁父辞」は屈原の作といわれているが、明らかでない。）

十七巻。屈原の『離騒』などを収める。北方の『詩経』とともに、後代の漢詩の源流となった。

屈原　詩人。名は平、字は原。楚の王族の出身。讒言により放逐され、汨羅《べきら》に身を投げた。前三四三頃〜前二七七頃。

江潭　川のふち

行吟　旅をしながら歌を作る。

形容枯槁　身なりやようすが落ちぶれてみすぼらしい。

漁父　漁師のじいさん。俗世間から離れた隠者にも見立てられる。

三閭大夫　楚の王族、屈・景・昭の三姓の者を取り締まる官

凝滞　こだわる。

淈　濁らせる。

餔　食う。

糟　酒の粕。

歠　飲み物をすする。

釃　粕を絞って作った、薄い酒。

深思高挙　深く考え、立派な行いをする。

弾冠　冠をはじいて塵を落とす。

振衣　衣を振って塵を落とす。

察察　明かで高潔なさま。

汶汶　暗くけがれたさま。

湘　湘江。湖南省を流れ、洞庭湖にそそぐ川。

皓皓　けがれのないさま。

練習問題 4

(一) 次の漢字の呉音と漢音をそれぞれ記せ。

生　山　地　清　還　華　品　会　九　黄　昔　依　反　西　宮　示　弱　怒　元　去　月

(二) 次の文を書き下しなさい。

中書令ノ岑《しん》文本ハ江陵ノ人ナリ。少《わか》キヨリ信ジテ二仏法ヲ一、常ニ念ズ二法華経普門品ヲ一。嘗《むか》シ乗リレ船ニ、於テ二呉江ノ中流ニ一船壊レ、人尽ク死ヌ。文本沈ミテ在リ二水ノ中ニ一。聞ク二有ル人ノ言ヲ一。「但《ただ》ニ念ゼヨレ仏ヲ。必ズ不ルナリレ死ナ也。」如クレ是ノ三タビ言ヘリレ之ヲ。既ニシテ而随ヒレ波ニ涌《あが》リ出デテ、既ニ著キ二北岸ニ一遂ニ免レタリ。後ニ於テ二江陵ニ一設ケレ斎《とき》ヲ、僧徒集ル二其ノ家ニ一。有リテ二一リノ客僧一、独リ後ニ去ル。謂ヒテ二文本ニ一曰ハク、「天下方ニ乱レン。君幸ヒニ不レ預ラ二其ノ災ニ一。終ニ逢ヒ二太平ニ一致サント二富貴ヲ一也。」言ヒ畢リテ移リ出ヅ。既ニシテ而文本自ラ食ス。碗ノ中ニ得タリ二舎利二枚ヲ一。果シテ如シ二其ノ言ノ一。

(『冥報記』中巻)

莞爾　にっこりと笑うさま。
鼓　歌に合わせ、拍子を取ってたたく。
枻　舟のかい。
滄浪　漢水の異称。漢水は、陝西省西部に源を発し、湖北省の漢口で長江にそそぐ川。
纓　冠のひも。

第5講　漢文の修辞法

漢文の修辞法　古今東西を問わず、およそ詩というジャンルは「どのように表現するか」が作品の根幹をなす文学であり、修辞法を発達させた。中国古典文学では、その表現技法の特色として、《典故》《比喩》《対句》の三つが指摘されている（古田敬一『中国文学における対句と対句論』一九八二年、風間書房）。

典故　典故とは、先人の紡いだ古典の語句を自分の作品中にそのまま取り込むことによって、当該古典作品全体の内容を含意できるようにするものである。漢詩の中に典故を持つことで、字数などに制約のある絶句や律詩の言語容量を広げ、表現世界を豊かにするのである。日本の漢詩でも、古来この手法は盛んに用いられた。『懐風藻』「五言。遊吉野宮」（朝臣人足）の一節「仁山狎二鳳閣一、智水啓二龍楼一（仁山鳳閣に狎れ、智水龍楼に啓く）」に見える「仁山」「智水」は『論語』雍也「子曰、智者楽レ水、仁者楽レ山」を踏まえた表現であり、『菅家文草』巻第一「残菊詩」の「已謝二陶家酒一、将随二鄽水流一（已に陶家の酒を謝せり、将に鄽水の流に随はむ）」は、『芸文類聚』に見える陶淵明の故事を踏まえる。もちろん、散文においても、兼明親王「供二養自筆法華経一願文」（『本朝文粋』巻十三）の冒頭「夫来而不レ留、薤蘁有二払レ晨之露一（夫れ来りて留まらず、薤蘁《かいりょう》晨《あした》に払ふ露有り）」

典故と本歌取り　典故に通じる「本歌取り」は『新古今和歌集』の表現手法として、特に藤原定家によって自覚的に用いられ、『万葉集』などの先行歌の語句を自作に取り入れることで三十一文字の短詩型文学の言語容量を拡充したとされる。

陶淵明の故事　九月九日、陶淵明の家に王弘が酒を送り（歳時部所引晋陽秋）、南陽の酈県に谷川が流れ、その源流の山には大輪の菊花が咲き、その川は滋養に優れ、みなこれを飲んで長寿を得たという（菊部所引風土記）。

故事による典故　大江朝綱「朱雀院四十九日御願文」（『本朝文粋』巻十四）の「射山計レ日虬箭頻移、鼎湖隔レ雲漏水屢滴〈射山に日を計ふれば虬箭頻に移り、鼎湖に雲を隔てて漏水屢《しば》ば滴る〉」という表現は、中国湖北省荊山の麓にある湖において、黄帝が鼎を鋳造し龍に乗って昇天した故事に依拠したものである。

黄帝采リ二首山銅ヲ一、鋳《い》ル二鼎ヲ於荊山ノ下一、鼎既ニ成リ、有リレ龍垂レテ二胡髯ヲ一、下迎ヘ二黄帝ヲ一、黄帝上騎ス」（『史記』二十七封禅書第六）

は、『白氏文集』巻九「勧レ酒寄二元九一」の「薤葉有二朝露一（薤《にら》の葉朝露に有り）」に基づく表現である。

比喩　比喩に中国の文人が心を砕いたことは、白楽天「長恨歌」に「芙蓉如レ面、柳如レ眉（芙蓉は面のごとく、柳は眉のごとし）」を引くまでもなく、随所に指摘される。その種類も多岐にわたり、宋代の陳騤撰『文則』は、この比喩表現を十種に分けて整理している。「如」字を用いて「AはBの如し」という形式で比喩であることを明示する《直喩》と、「AはBなり」のような形で比喩であることを暗示する《隠喩》とがその代表的なものである。

坂上今継「和二渤海大使見レ寄之作一」（『文華秀麗集』）の「一面相逢如二旧識一、交情自与二古人一等（一面相逢ふこと旧識の如く、交情自らに古人と等し）」は直喩の例、都良香「良馬讃」（『本朝文粋』巻十二）の「逐レ電飛レ影、断レ風送レ声（電を逐《お》ひて影を飛ばし、風に断《いば》へて声を送る）」は（馬の早く走る様は）電光を追い、そのはしる影を飛ばすようだ、（風にいななき声をこちらに送り来る）と解されるので、隠喩に属する表現である。

対句　対句とは、意味や形式（字数や品詞）の上で、対応する二句（または三句以上）を並べ用いる表現形式をさす。対句をなす語句を対語といい、二つの句の字数が同じである場合、この対語が意味上の関連性および文法構造の共通性を有するのである。その働きは、具体的な事物を重ね並べることで文意をより明確にし、説得力や美的機能が加わるものとされる。

対句の句型　対句の句型は、大きく、一種類に分かれ、二句の対による単対（直

対句の先駆的研究　対句は、古来、漢詩文の修辞の代表として重用され、『文心雕龍』（梁の劉勰撰）にその由来や分類、表現効果などについて説かれ、日本においても、平安時代初期に弘法大師空海が『文鏡秘府論』を著して、唐土の対句説を引用集成し紹介している。

単対と隔句対

○単対の例（『和漢朗詠集』上・秋夜、白楽天）

耿々タル残リノ灯ノ背ケタルレ壁ニ影

蕭々タル暗キ雨ノ打ツレ窓ヲ声

○隔句対の例（『古事記』序文）

化熊出デテレ川ヲ、天剣ヲ獲え二於高倉ニ一

生尾遮リテレ径ヲ、大烏導ク二於吉野ニ一

連鎖法と類句法　対句のうち、前句の終わりの語句をそのまま次の句の頭に置いて、論旨を鎖状に積み重ねる修辞法を「連鎖法（漸層法とも）」と呼ぶ。また、同一の文字数で、同じ文構造をとり、同じ範疇の内容を三句以上続ける手法を「類句法（層累法、重畳法とも）」と呼ぶ。ともに文章に説得力を強めてゆく効果がある。

対とも）と、第一句と第三句、第二句と第四句とが対をなす隔句対とがある。
『作文大体』（藤原宗忠撰）によれば、単対は次の三種類に分けられる。

①壮句（三字句の対）

左二龍寺一、右二鳥陵一

龍寺左ニス、鳥ノ陵ヲ右ニス（『性霊集』巻二「大和州益田池碑銘」）

②緊句（四字句の対）

董公垂レ帷、薛子踏レ壁

董公帷ヲ垂レ、薛子壁ヲ踏ム （『菅家文草』巻七「書斎記」）

③長句（五字以上十余字からなる句の対）

秋灯許二夜深話一、春枕任二日高睡一

秋ノ灯ハ夜ノ深クルマデ話スコトヲ許シ、春ノ枕ハ日ノ高クルマデ睡ルニ任ス （『本朝文粋』巻十二「山亭起請」）

また、隔句対も、一句を構成する字数によって次の六種類に分類される。

④軽隔句（上句四字下句六字の句を二回繰り返すもの）

訶陵弁弘、経二五天一而接足、新羅恵日、渉二三韓一而頂戴

訶陵《かりょう》ノ弁弘ハ五天ヲ経テ接足シ、新羅ノ恵日ハ三韓ヲ渉リテ頂戴ス （『性霊集』巻二「恵果和尚之碑」）

⑤重隔句（上句六字下句四字の句を二回繰り返す）

嶧陽山之雲外、露淡二孤桐一、陶彭沢之門前、烟暗二五柳一

嶧陽山《えきようさん》ノ雲外、露孤桐ニ淡ク、陶彭沢《とうほうたく》ノ門前、烟《かすみ》五柳ニ暗シ

意味による対句の分類

（A）同対…類似の意味の字句を並べるもの

［例］山遠雲埋二行客跡一、松寒風破二旅人夢一〈山遠クシテハ雲行客ノ跡ヲ埋ム、松寒クシテハ風旅人ノ夢ヲ破ル〉（『和漢朗詠集』下四〇四）

「行客」と「旅人」が対応し、いずれも〈旅行者〉の意で同義的である。

（B）的名対…反対の意味の字句を並べるもの

［例］至剛者男、最柔者女〈至リテ剛キ者ハ男、最モ柔キ者ハ女〉（『本朝文粋』巻一「男女婚姻賦」）

「男」と「女」で対をなす。

［例］青蒭充レ餧、紅粟養レ生〈青蒭餧《すうゐ》ニ充《あ》テ、紅粟《しょく》生ヲ養フ〉（『本朝文粋』巻十二「良馬讃」）

「青」と「赤」で対をなす（特に「色対」ともいう）。

［例］○東棲霞観、西雄蔵山〈東ハ棲霞観、西ハ雄蔵山〉（『本朝文粋』巻十二「山亭起請」）

「東」と「西」で対をなす。

［例］雖レ聞二三譲之高レ古、猶恨百揆之擁レ今〈三譲ノ古ニ高キコトヲ聞クト雖モ、猶シ恨ム百揆ノ今ヲ擁スルコトヲ〉（『本朝文粋』巻二「答貞信公辞摂政表勅」）

（『本朝文粋』巻一「落葉賦」）

⑥疎隔句（上句三字、下句は特定の字数としない二句を繰り返すもの）

山復山、何工鑿二成青巌之石一、水復水、誰家染二出碧潭之波一

山復山、何レノ工カ青巌ノ石ヲ鑿《ゑ》リ成セル、水復水、誰ガ家カ碧潭《へきたん》ノ波ヲ染メ出セル

（『本朝文粋』巻三「対冊」）

⑦密隔句（上句は五字以上、下句は六字以上の二句を繰り返すもの、または上句は特定の字数とせず、下句は三字とする二句を繰り返すもの）

若可レ許レ所レ請者、尋二痕跡一而添二粉墨一、若不レ許レ所レ請者、随二形勢一而廻二思慮一

若シ請フ所ヲ許スベクハ、痕跡ヲ尋ネテ粉墨ヲ添ヘム、若シ請フ所ヲ許サズハ、形勢ニ随ヒテ思慮ヲ廻ラサム

（『本朝文粋』巻十三「為員外藤納言請修飾美福門額字告弘法大師文」）

⑧平隔句（上下句とも四字または五字の二句を繰り返すもの）

其為レ性也、潤下克柔、其為レ徳也、霊長爰止

其ノ性タルヤ、潤下《じゅんか》克ク柔ラカニシテ、其ノ徳タルヤ、霊長爰ニ止マル

（『菅家文草』巻七「秋湖賦」）

⑨雑隔句（上句は四字、下句は五・七・八字の二句を繰り返すもの、または下句四字、上句は六・五・七・八字の二句を繰り返すもの）

樵蘇往反、杖穿二朱買臣之衣一、隠逸優遊、履踏二葛稚仙

「三」と「百」で対をなす（特に「数対」ともいう）。

形式による対句の分類

（a）字形…字対など

[例] 立二於庭上一頭為レ鶴、坐在二炉辺一手不レ亀〈庭上ニ立テレバ頭鶴ト為ル、坐シテ炉辺ニ在レバ手亀《かが》マラズ〉（『和漢朗詠集』上三七九）

「亀」は動詞「かがまる」の意で、寒さのために手にひびが入ることをいい、「鶴」と「亀」は単に文字上で対偶をなしているに過ぎない。

（b）字音…双声対・畳韻対など

[例] 野草芳菲紅錦地、遊糸繚乱碧羅天〈野草芳菲タリ紅錦ノ地、遊糸繚乱タリ碧羅ノ天〉（『和漢朗詠集』上一九）

「双声対」は、頭子音を同じくする字を熟字として対に置くもので、「芳菲《はうひ》」はハ行、「繚乱《りょうらん》」はラ行の字音を持つ二字の熟語である。

[例] 雪似二鵞毛一飛散乱、人被二鶴氅一立徘徊〈雪ハ鵞毛《がぼう》ニ似テ飛ンデ散乱ス、人ハ鶴氅《かくじょう》ヲ被リテ立チテ徘徊ス〉（同右上三七六）

「畳韻対」は、韻尾を同じくする字を熟字として対を構えるもので、「散乱《さんらん》」はン、

之薬一

樵蘇《しょうそ》往反ス、杖《つえ》朱買臣ガ衣ヲ穿《うが》ツ、隠逸優遊ス、履葛稚仙《かちせん》ガ薬ヲ踏ム

（『和漢朗詠集』上三二一）

四六騈儷文　対句を基調とする文体を四六騈儷文（四六文とも）と呼ぶ。これは、特に四字と六字の対句を多く用いたことによる呼称であるが、これに限ったものではない。四六騈儷文は、中国の六朝時代から初唐時代にかけて流行し、日本人が漢文を作成する際にも、この対句の技法は強く意識された。

最古の日本漢文の一つである『十七条憲法』（六〇四年）に「以レ和為レ貴、無レ忤為レ宗（和を以て貴しとし、忤《さか》ふこと無きを宗とせよ）」のように、一句を四字で構成する対句がすでに見られる。奈良時代の『古事記』序文や『万葉集』題詞などにも対句を軸とする文章が綴られている。その後、平安貴族に愛好されることとなり、『本朝文粋』などの日本漢詩文集所収の多くの文章がこの文体で綴られ、隆盛を極めた。さらに、この当時、朗詠が流行し、十一世紀初めに『和漢朗詠集』が編まれた。収録された唐代の詩句は白居易（白楽天）のものが圧倒的に多く、愛吟されたことが知られるが、その白居易の詩句の大部分が対句の箇所であることからも、対句がいかに重視されたかが窺われる。また、特に、願文や表白のような仏教儀礼文にも騈儷文が用いられ、これが平安末期に盛行したことから、その影響を受けて成立した『平家物語』などの和漢混淆文の表現上の特色にも挙げられることが多い。

鎌倉時代では、『明月記』（藤原定家）のような公家日記にも対句が随所に

「徘徊《はいかい》」はイで終わる音を重ねて熟語とし、対句に構える。

（c）同一字の重畳…連字・畳対など

［例］悠々万事甚狂急、蕩々一生長嶮巇〈悠々タル万事甚《まさ》ニ狂急ニシテ、蕩々タル一生長《つね》ニ嶮巇《けんぎ》タラム〉（『菅家文草』巻第二・九八「有レ所レ思」）

「連字」は、右の「悠々」「蕩々」のように同一字を重ねて熟語とし、対にすることをさす。

江戸時代以降の四六騈儷文　江戸時代に入ると、朱子学の隆盛にともない、達意を旨とする先秦の文章とそれを復活させた韓愈・柳宗元の文章観が尊重されるようになり、平安時代以来支配的であった騈儷文が否定され、さらに、古文辞学を提唱した荻生徂徠の登場によって、文章観が一変することになった。

混じるようになり、対句が広く日本人作成の漢文文献に浸透している様相が知られる。下って、鎌倉末期から室町時代にかけて、五山の禅僧によって駢儷文が受け継がれる。禅林で下位の者から上位の者に差し出す「疏」にはこの文体が採られ重用されたが、それは狭い範囲に限られるようになった。

課題5・1　池亭記　慶滋保胤

（『本朝文粋』巻第十二）

東京《ノ》四条《ヨリ》以北、乾艮《ノ》二方《ハ》、人々無《ク》㆓貴賤《ト》㆒、多《ク》所㆓群聚《スル》㆒也。高《キ》家《ハ》比《ならべ》㆑門《ヲ》連《ネ》㆑堂《ヲ》、少屋《サキいへハ》隔《テ》㆑壁《ヲ》接《つらヌ》㆑簷《のきヲ》。東隣《ニ》有《レバ》㆓火災㆒、西隣不㆑免《まぬかレ》㆓余炎《ヲ》㆒。南宅《ニ》有《レバ》㆓盗賊㆒、北宅難《シ》㆑避《さり》㆓流矢《ヲ》㆒。南阮《げんハ》貧《シク》、北阮《ハ》富《メリ》。富者《ハ》未《ダ》㆓必《ズシモ》有《ラ》㆑徳、貧者《ハ》亦《タ》猶《ホ》有《リ》㆑恥。又、近《クシテ》㆓勢家《ニ》㆒容《ルル》㆓微身《びしんヲ》㆒者《ハ》、屋雖《モ》㆑破《やぶレタリト》不㆑得㆑葺《ふクコトヲ》、垣雖《モ》㆑壊《くづレタリト》不㆑得㆑築《きづクコトヲ》。有《レドモ》㆑楽《シミ》不㆑能《ハ》㆓大《キニ》開《キテ》㆑口《ヲ》而咲《わらフコト》㆒、有《レドモ》㆑哀《シミ》不㆑能《ハ》㆓高《ク》揚《ゲテ》㆑声《ヲ》而哭《なクコト》㆒。進退有《リ》㆑懼《おそれ》、心神不㆑安《カラ》。譬《ヘバ》猶《シ》㆔鳥雀《ノ》之近《ヅクガよう》㆓鷹鸇《せんニ》㆒矣。何《ニ》況《ンヤ》初《メ》置《キ》㆓第《てい》宅《ヲ》㆒、転《うたた》、広《クスルヲヤ》㆓門戸《ヲ》㆒。小屋相并《あはセラレ》、少人相訴《フル》者多《シ》

課題5・1　「**池亭記**」　天元五（九八二）年十月の作品。白居易の「池上篇并序」に倣って作られる。鴨長明『方丈記』の文章に影響を与えた。ここは、当時の都の左京の様子を描いた箇所。

乾艮　乾は北西、艮は東北の方角。東の京は朱雀大路を中心とする東部、左京。

流矢　盗人の放った流れ矢。

南阮　同姓のうちでも南側に住む阮氏は、の意。『晋書』阮咸伝の故事に基づく。

勢家　勢力のある家。

鷹鸇　たかとはやぶさ。強い鳥の例。

謫　罪のために流される。

東河　東の河。ここは鴨川。

魚鼈　魚と亀。

北野　都の北方。

矣。宛《モ》如《シ》子孫《ノ》去《リ》父母之国《ヲ》仙官謫《おとサルルガ》人世之塵《ニ》。其《ノ》尤《モ》甚《シキ》者、或《ハ》至《ル》以《ツテ》狭《キ》土《ヲ》滅《ボスニ》一家《ノ》愚民《ヲ》。或《ハ》卜《うらなヒテ》東河之畔《ニ》、若《シ》遇《フトキニハ》大水《ニ》、与魚鼈《へつ》為《リ》伍《ともがら》、或《ハ》住《マヒテ》北野之中《ニ》、若《シ》有《ルトキニハ》苦《こ》旱《かん》、雖《モ》渇乏《スト》無《シ》水。彼《かノ》両京之中《ニ》、無《キ》空閑之地歟《か》。何《ゾ》其《レ》人心之強《おぞキコト》甚《シキや》乎。

課題5・2　『論語』顔淵

子貢問《フ》政《ヲ》。子曰《ハク》、「足《シ》食《ヲ》足《シ》兵《ヲ》、民《ハ》信《ニスト》之《ヲ》矣。」子貢曰《ハク》、「必《ズ》不《シテ》得已《やムコトヲ》而去《ラバ》、於《イテ》斯《ノ》三者《ニ》、何《ヲカ》先《ニセント》。」曰《ハク》、「去《ラント》兵《ヲ》。」子貢曰《ハク》、「必《ズ》不《シテ》得已《やムコトヲ》而去《ラバ》、於《イテ》斯《ノ》二者《ニ》、何《ヲカ》先《ニセント》。」曰《ハク》、「去《ラン》食《ヲ》。自《より》古《いにしへ》皆有《リ》死。民無《クンバ》信不《ト》立《タ》。」

課題5・3　後三条院五七日追善供養願文（『江都督納言願文集』）

風《ほのかニ》聞《ク》、忉利天之多《おほキ》楽《モたのシビ》也、未《ダ》免《まぬカレ》悲《ヲ》於五衰之日《ニ》、有虞帝之至聖《リテさかシキモ》也、遂《ニ》告《つグ》別《ヲ》於九疑之雲《ニ》。分段之理、生死難《キ》免《カレ》者也。伏《シテ》惟《おもヘラク》、太上法王《ハ》、龍官《モ》慙《ヂ》

苦旱　甚だしいひでり。旱魃。

強　人心の頑強さをいう。

課題5・2『論語』　孔子とその弟子たちの言行録。二〇編十巻。四書、十三経の一つ。顔淵（顔回）は孔子十哲の一人。徳行に優れたが、早世し孔子を悲しませた。

子貢　孔子の弟子で、孔子十哲の一人。弁舌に秀でて、外交術にも長けていた。

課題5・3「後三条院五七日追善供養願文」　後三条院の五七日の追善供養の際の願文で、生母陽明門院禎子（三条天皇皇女、後朱雀天皇皇后）が願主。後三条院は延久五（一〇七三）年五月七日崩御。

忉利天　仏教に説く、三界の欲界第六天の第二、三十三天をいう。須弥山の頂上にある天、中央に喜見城があり、帝釈天が住む。

有虞帝　古代中国の伝説の聖人、舜。

九疑　舜帝の葬られた山の名。

分段　六道を輪廻する凡夫が生死を繰り返すことを分段生死という。

龍官　伏羲氏の時、龍の瑞兆があり、龍をもって官を紀した故事。

鳥紀　黄帝の子が鳥をもって綱紀を粛正した

徳ヲ、鳥紀モ譲ルレ仁ヲ。握リテ二乾図ヲ一而臨メバレ朝《おほやけ》ニ、祐《ひら》キ二四境ヲ於亥歩之外ニ一、居シテ二北辰ニ一而理《おさ》メバレ政《まつりごと》ヲ、孚《はぐく》ミタマフトオモフ二万民ヲ民於子来之中ニ一。

故事。

乾図　めでたい兆候。天意。

亥歩之外　亥歩は禹の臣下豎亥が健脚であることから、版図が広大であることをいう。

北辰　北極星。

子来　子が親を慕うように、人民が王化を慕って召さずともやってくること。

練習問題 5

(一) 次の文はいずれも「新撰和歌序」（紀貫之、『本朝文粋』巻第十二）の一節である。この対句部分について、句型の名称を答えなさい。

① 春ノ霞秋ノ月、潤《ぬ》ラシ二艶流ヲ於言泉ニ一、花ノ色鳥ノ声、鮮《あざ》ヤカニスルノミニアラズ二浮藻ヲ於詞泉ニ一。

② 各々相闘ハシメテレ文ヲ、両々双ベ書《しる》ス焉

(二) 次の文章の修辞法は何か、答えなさい。

愛シテレ人ヲ不ンバレ親シマレ、反《かへ》レ二其ノ仁ニ一。治メテレ人ヲ不ンバレ治マラ、反《かへ》レ二其ノ智ニ一。礼シテレ人ニ不ンバレ答ヘラレ、反《かへ》レ二其ノ敬ニ一。行ヒテ有レバ二不ルレ得者一、皆反二求セヨ諸ヲ己《おのれ》ニ一。

（『孟子』離婁上）

第6講　漢詩を読む

漢詩　中国語の韻文は押韻を伴うのが大きな特徴で、その代表的なものが詩である。漢詩は大きく古体詩と近体詩に分かれる。近体詩は句数・韻律などに厳格な規則をもつのに対して、古体詩は句数や韻律などが自由である。唐代に近体詩という新しいスタイルが発達するが、それ以降も古体詩は詠まれた。そのため、唐代以前の古体詩のうち、楽府が集めた自由な音数律で一定の題をもつ歌謡である楽府《がふ》とは別に、自由に詠まれる詩を古詩と呼ぶこともある。

漢詩の形式　一句の字数が五字であれば五言詩、七字であれば七言詩、四文字であれば四言詩と言い、近体詩の中で、句の数が四句からなる詩を絶句、八句からなる詩を律詩と呼ぶ。近体詩にはかなり複雑なルールが定められているが、それはおおよそ次の三点に関するものである。

①韻…句末には同じ韻を据える（押韻）

②律…一句の長さ（字数）をそろえる（音数律）

③平仄…隋唐時代の声調には平声・上声・去声・入声という四声があるが、漢詩では、このうち特に平声が重視され、上声・去声・入声はまとめて仄声と呼ぶ。近体詩では、平声と仄声の字の配置が規則として定められている。

中国文学の韻文　「楽府」は漢の武帝が音楽を司る役所として設けた楽府に採集された歌謡のこと。純粋な民謡のほかに、詩人が作ったものもある。曲に合わせて作った詩には、その曲名の題が付けられた。のちに、曲が失われたが、楽府題が残り、唐以後はその題によって詩を作った。

「辞賦」は散文的な韻文で、句末に押韻することが多く、対句が用いられる。屈原（前三四三頃～前二七七頃）の『楚辞』に始まり、漢魏六朝時代には盛行した。

「絶句」の形式は漢代の楽府に由来し、盛唐において確立された。他方、律とは決まりの意味で、一定の法則で成る詩が「律詩」である。

音数律　古詩では音数が自由であるが、『詩経』では四言詩が基本的である。

桃ノ之夭夭タル
灼灼タリ其ノ華
之《こ》ノ子于《ゆ》キ帰《とつ》がバ
宜シカラン二其ノ室家ニ一

その後、『楚辞』や楽府詩の影響で、五言詩が前漢に生じ、後漢末には確立された。七

押韻　原則として、押韻は偶数句の末尾で行う。七言詩の場合は、さらに第一句の末尾でも韻を踏むのを原則とする。五言詩では、第一句に韻を踏んでも踏まなくてもよい。近体詩は最後まで同じ韻を用いなくてはならない（一韻到底）。これに対して、古体詩は途中で韻を換えてもよい（換韻）。

韻は一般に平声で踏むが、仄声で踏むことも少なくない。ただし、韻を平声で踏むと、韻を踏まない句末は仄声にする。逆に、仄声で韻を踏むと、韻を踏まない句末は平声にする。

平仄　漢詩は声調による抑揚を利用して、快い音の響きを伴うように作られる。近体詩では、この平仄の規則が厳格であるが、その主要な点を次にあげる。

① 二六対…句中の二字目と六字目の平仄を同じにする（七言のみ）。

② 二四不同…句中の二字目と四字目の平仄が異なるようにする。たとえば、二字目が平声であれば、四字目は仄声、六字目は平声となる。

③ 一三五不論…一・三・五字目の平仄は問わない（五言では「一三不論」）。

④ 孤平…前後が仄声で挟まれた平声を避ける。たとえば、二字目が平声である場合、一字目を平声とすれば、三字目は仄声としなければならない。

⑤ 下三連…句末に平声、もしくは仄声が三字連続することを避ける。

⑥ 粘綴《ねんてい》…奇数句から偶数句へ移るときは平仄を逆にし（反法）、偶数句から奇数句へ移るときは平仄を同じにする（粘法）。たとえば、第一句の二・四・六字目がそれぞれ「平・仄・平」であれば、第二句は逆に「仄・平・仄」

言詩は楽府詩にも現れているが、六朝時代末期以降広く用いられるようになった。

五言句は二字目と三字目に、七言句はさらに四字目と五字目にも切れ目がある。すなわち、一般に次のような構成で成り立っている。

五言句…二字＋三字
七言句…二字＋二字＋三字

韻と平仄　五世紀頃に声調が四種あるという四声が意識されるようになり、その後抑揚の美しさ、音の調和が追求された結果、唐代に入って近体詩の規則が定まった。

詩の韻は元・明以後、一〇六韻（水平韻）に分類され、平声（上平・下平）は三〇韻、仄声は七六韻（上声二九韻、去声三〇韻、入声一七韻）とされた。

仄声押韻の詩　近体詩は平声で押韻することが原則である。したがって、仄声で押韻するのは破格となるが、実際にはかなり見られる。

春暁　　孟浩然

春眠不レ覚エレ暁ヲ　（○○●●●）
処処ニ聞ク二啼鳥ヲ一　（●●○○●）
夜来風雨ノ声　（●○○●○）
花落ツルコト知ンヌ多少ゾ　（○●○○●）

（押韻「暁・鳥・少」は上声篠韻）

平仄の規則　絶句・律詩によって平仄の規則が異なり、さらに、平起式（第一句の二字目が平声）と仄起式（第一句の二字目が仄声）、

となり、第三句も「仄・平・仄」でなければならない。

平仄の規則（律詩の場合）　そこで、具体的に一例を示しておく。平声を○、仄声を●、押韻を◎で、平仄がどちらでもよい場合は◑◐で記し、七言律詩の平起式（第一句の二字目が平声）について示す。

◑○◐●●○◎　◑●◐○◑●◎　……首聯《しゅれん》
◑●◐○○●●　◑○◐●●○◎　……頷聯《がんれん》
◑○◐●○○●　◑●◐○◑●◎　……頸聯《けいれん》
◑●◐○○●●　◑○◐●●○◎　……尾聯《びれん》

この代表的な例を次にあげておく（後ろに、次の律詩の平仄を記した）。

曲江　杜甫

朝《てう》ヨリ回《かへ》リテ日日典ス二春衣ヲ一　毎日江頭ニ尽シテレ酔《ゑひ》ヲ帰ル
酒《しゅ》債《さい》ハ尋常行ク処ニ有リ　人生七十古来稀ナリ
穿ツレ花ヲ蛺《けふ》蝶《てふ》深深トシテ見エ　点ズルレ水ニ蜻《せい》蜓《てい》款款《くわんくわん》トシテ飛ブ
伝語ス二風光ニ一共ニ流転シテ　暫時相賞シテ莫カラン二相違フコト一

（○○●●●○○　●●○○●●○）
（●●○○○●●　○○●●●○○）
（○○●●○○●　●●○○●●○）
（●●○○●○●　●○○●●○○）

この律詩の押韻は平声微韻（衣・帰・稀・飛・違）である。そして、前述した規則①～⑤のすべてに適っている。

また、五言と七言によっても声調の配置が定められている（付録「平仄の規則」参照）。ただし、実際には規則に合わない詩もあり、これを拗体と呼ぶ。

聯　律詩における二句のまとまりをいう。第一・二句を首聯、第三・四句を頷聯、第五・六句を頸聯、第七・八句を尾聯と呼ぶ。「首・頷・頸・尾」の聯は、それぞれ絶句の「起・承・転・結」の句に当たる。

排律　詩の句数が十句以上の偶数句からなるものを排律という。ほとんどが五言で、平仄の規則は五言律詩に準ずる。その句数の数え方は韻の数により、五言十二句であれば、五言六韻と呼ぶ。

起承転結　絶句は起承転結の四段から構成される。起句（第一句）で詩のきっかけを述べ、承句（第二句）でそれを受けて展開させ、転句（第三句）で詩想を一転させ、結句（第四句）で全体を結ぶという形式である。近世日本の漢詩人、頼山陽が、このことを次のように喩えて説いたという俗謡がある。

京の五条の糸屋の娘　（起句）
姉は十七妹は十五　（承句）
諸国諸大名は弓矢で殺す　（転句）
糸屋の娘は目で殺す　（結句）

律詩の対句　対句とは、同じ構成を持った二つの句のことで、律詩の頷聯および頸聯においては、それぞれの奇数句と偶数句が対句をなしていなければならない。たとえば、右の律詩では、頷聯において、第三句の「尋常」と第四句の「七十」、第五句の「花」「蛺蝶〈アゲハチョウ〉」と第六句の「水」「蜻蜓〈とんぼ〉」がそれぞれ対となっているのである。

詩形一覧

様式			形	句数	一句の字数	押韻		平仄
詩	古体詩	古詩	四言古詩	不定	四字	不定	一韻到底または換韻または混合韻	不定
			五言古詩		五字	だいたい偶数句尾		
			七言古詩		七字			
		楽府（歌行）	雑言楽府	不定	不定	不定		
			五言楽府		五字			
			七言楽府		七字			
	近体詩（今体）	律詩	五言律詩	八句	五字	偶数句尾初句に踏むこともある	一韻到底	一定
			七言律詩		七字			
			五言排律	十句以上	五字			
			（七言排律）		七字			
			（三韻小律）	六句	五または七字			
		絶句	五言絶句	四句	五字	偶数句尾初句に踏むこともある	一韻到底	一定
			七言絶句		七字			
			（六言絶句）		六字			

（『漢字源』改訂第五版より）

平仄の規則（絶句の場合）　七言絶句の平起式について次に示す。

◑○◐●◑○◎（起句）
◑●◐○◑●◎（承句）
◑●◐○○●●（転句）
◑○◐●●○◎（結句）

［例］早《つと》ニ発ス二白帝城ヲ一　李白

朝《あした》ニ辞ス白帝彩雲ノ間

千里ノ江陵一日ニシテ還《かへ》ル

両岸ノ猿声啼ヒテ不ルニレ住《や》マ

軽舟已ニ過グ万重ノ山

○○●●●○◎
○●○○●●◎
●●○○○●●
○○●●●○◎

（押韻「間・還・山」は平声刪韻）

右の詩は前述の①〜⑤の規則にすべて適っている。絶句は対句をとる必要がなく、その平仄の規則は律詩の前半部とほぼ同じである。

課題6・1　近体詩

絶句四首其三　　杜甫

両箇ノ黄鸝《くわうり》鳴キ二翠柳ニ一　一行ノ白鷺《はくろ》上《のぼ》ル二青天ニ一
窓ニハ含ム西嶺千秋ノ雪　門ニハ泊ス東呉万里ノ船

送ル三秘書晁監ノ還ルヲ二日本国ニ一　　王維

積水不レ可カラレ極ム　安ンゾ知ランヤ二滄海ノ東ヲ一
九州何レノ処カ遠キ　万里若シレ乗ズルガレ空ニ
向フハレ国ニ惟ダ看レ日ヲ　帰帆ハ但ダ信《まか》スノミレ風ニ
鼇《がう》身《しん》映ジテレ天ニ黒ク　魚眼射テレ波ヲ紅ナリ
郷樹扶桑ノ外　主人孤島ノ中
別離方《まさ》ニ異域ナレバ　音信若為ンゾ通ゼンヤ

課題6・1　近体詩

黄鸝　コウライウグイス。
一行　一列をなすさま。
西嶺　西の山々のみね。この詩は杜甫が成都にいる時のものであるから、西には峨眉山、さらには大雪山山脈がある。
千秋雪　万年雪に同じ。
東呉　東方の呉の国。今の江蘇省を中心とする一帯。
秘書監　宮廷の蔵書を管理する秘書省の長官。
晁　阿倍仲麻呂（六九八～七七〇）の漢風の姓。仲麻呂を「仲満」と書き、これを漢風に「朝衡」「晁衡」とした。七一七年に遣唐使として入唐し、科挙に合格して玄宗皇帝に仕えた。この詩は七五三年に帰国を許された際に詠まれたもの。
積水　深く積もった水、海のこと。
九州　世界。もと、中国を九つの州に分けたという伝説から中国全土の意。
鼇身　伝説上の大亀。
扶桑外　「扶桑」は中国東方の島にあるという神木の名。その向こうに日本があるとしている。
主人　阿倍仲麻呂をさす。
異域　異郷。よその土地。

課題6・2 古体詩

将進酒

李白

君不《ヤ》レ見黄河《ノ》之水天上来《ヨリタルヲ》　奔流到《リテ》レ海《ニ》不二復《タ》回《かへラ》一
君不《ヤ》レ見高堂《ノ》明鏡悲《シムヲ》二白髪《ヲ》一　朝《あしたニハ》如《キモ》二青糸《ノ》一暮《ニハ》成《ル》レ雪《ト》
人生得《バ》レ意《ヲ》須《ラク》《ク》レ尽《ス》レ歓《ヲ》　莫《レ》レ使《ムルコト》二金尊《ヲシテ》空《シク》対《セ》一レ月《ニ》
天生《ズ》二我《ガ》材《ヲ》一必《ズ》有《リ》レ用　千金散《ジ》尽《クシテまた》還《まタ》復来《タラン》
烹《に》レ羊《ヲ》宰《さいシテ》レ牛《ヲ》且《しばラク》為《セ》レ楽《シミヲ》　会《かならズ》須《ラク》《シ》二一飲三百杯《ナル》一
岑《しん》夫子丹丘生　将《ニ》レ進《メント》レ酒《ヲ》杯莫《レ》レ停《ムルコト》
与《ため二》レ君《ガ》歌《ハン》二一曲《ヲ》一　請《フ》君為《ニ》レ我《ガ》傾《ケテ》レ耳《ヲ》聴《ケ》
鐘鼓饌玉不レ足《ラ》レ貴《ブニ》　但願《ヒテ》二長酔《ヲ》一不レ用《ヰ》レ醒《ムルヲ》
古来聖賢皆寂寞《タリ》　惟有《ルノミ》三飲者《ノ》留《ムル》二其《ノ》名《ヲ》一
陳王昔時宴《シ》二平楽《ニ》一　斗酒十千恣《ニス》二歓謔《くわんぎやくヲ》一
主人何為《レゾ》言《フヤ》レ少《ナシト》レ銭　径《ただチニ》須《ラク》《シ》二沽《かヒ》取《リテ》対《シテ》レ君《ニ》酌《ム》一
五花《ノ》馬千金《ノ》裘《かはごろも》　呼《ビ》レ児《じヲ》将《もチ》出《シテ》換《ヘシメ》二美酒《ニ》一

課題6・2　古体詩

君不見　あなた、ご覧なさいの意。楽府体に用いられる、読者に語りかける表現。一句からこの三字を除くと、七言となる。
高堂　棟が高く立派な屋敷。
青糸　黒い絹糸。ここでは、黒髪のこと。「青」は黒色をもさす。
得意　自分の思いがかなう。
金尊　黄金の酒だる。酒だるの美称。
我材　私という人材。
烹　調理して煮る。
宰　料理する。
会　必ずきっと。
一飲　一度の飲酒の宴席。
岑夫子　岑勲をさす。また、岑参《じん》とする説もある。いずれも詩人。「夫子」は男子の尊称。
丹丘生　元林宗をさす。丹丘は神話中の神仙の地の意で、ここでは道号。「生」は同輩以下への呼称。
与　～のために、の意。
鐘鼓　楽器としての鐘とつづみ。ここでは、音楽の意。
饌玉　ごちそう。
但　ひたすら。
陳王　三国時代の魏の曹植のこと。
平楽　後漢の明帝が宮殿の西側に建てた高殿、平楽観のこと。

与レ爾同銷《なんぢともニけサン》二万古《ノ》愁《ヒヲ》一

課題6・3　辞賦

秋風辞

漢武帝

秋風起《リテ》兮白雲飛《ビ》　草木黄落《シテ》兮雁南《ニ》帰《ル》
蘭有《リテ》レ秀兮菊《ニ》有《リ》レ芳　懐《シミテ》二佳人《ヲ》一兮不レ能《ハ》レ忘《ルルコト》
泛《うかベテ》二楼船《ヲ》一兮済《わたリ》二汾《ふん》河《がヲ》一　横《タハリテ》二中流《ニ》一兮揚《グ》二素《しろキ》波《ヲ》一
簫《せう》鼓《こ》鳴《リテ》兮発《おこル》二棹《たう》歌《か》一　歓楽極《リテ》兮哀情多《シ》
少壮幾時《ゾ》兮奈レ老《イヲ》何《セン》

斗酒十千　一斗で一万銭の美酒。
主人　ここでは、李白自身のこと。
少銭　お金が足りないの意。
径　すぐに。
沽　買う。
五花馬　たてがみを五つに束ねて飾った馬。
千金裘　千金に値する、この世に二つとない白狐の皮衣。
児　ここでは、若い使用人。給仕。
万古愁　「万古」は永遠の意で、「万古愁」は生きている限り永遠に続く悩み。たとえば、死の恐怖。
＊古楽府の題の一つ、鼓吹曲辞によるもの。

課題6・3　辞賦
兮　語調を調える助詞。
黄落　葉が黄ばんで落ちる。
雁南帰　毎年秋になると、北に棲息していた雁が南に来る。
秀　開いた花。
佳人　美女。ここでは、神女または仙女をさす。
楼船　二階建てのやぐらのある船。
汾河　山西省太原あたりの川。
簫鼓　楽器のこと。「簫」は竹製のたてぶえ。
棹歌　船頭が歌う歌。ふなうた。
少壮　若くて元気な年齢。三〇歳ぐらいまでをさす。

練習問題6

次の漢詩をそれぞれ書き下しなさい。

（1）　聞ク㆔白楽天ガ左㆓降セラレシヲ江州司馬ニ㆒　元稹《げんしん》

残燈無ク㆑焔《ほのほ》影幢幢タリ　此ノ夕聞ク㆔君ガ謫セラレシヲ㆓九江ニ㆒

垂死ノ病中驚キテ坐起スレバ　暗風吹キテ㆑雨ヲ入ル㆓寒窓ニ㆒

（2）　易水送別　駱《らく》賓《ひん》王《のう》

此ノ地別ル㆓燕丹ニ㆒　壮士髪衝《つ》ク㆑冠ヲ

昔時人已ニ没シ　今日水猶ホ寒シ

（3）　雑詩十二首其一　陶潜

人生ハ無ク㆓根帯《こんてい》㆒　飄《へう》トシテ如シ㆓陌《はく》上《じやう》ノ塵ノ㆒

分散シ逐ヒテ㆑風ヲ転ジ　此レ已ニ非ズ㆓常ノ身ニ㆒

落チテハ㆑地ニ為ル㆓兄弟《けいてい》ト㆒　何ゾ必ズシモ骨肉ノ親ノミナランヤ

得テ㆑歓ヲ当ニシ㆑作ス㆑楽シミヲ　斗酒聚《あつ》メヨ㆓比《ひ》鄰《りん》ヲ㆒

盛年不㆓重ネテハ来タラ㆒　一日難シ㆓再ビハ晨《あした》ナリ㆒

及ンデ㆑時ニ当ニシ㆓勉励ス㆒　歳月不㆑待タ㆑人ヲ

第7講　和化漢文の世界

和化漢文　日本で作られる漢文は、中国古典の純漢文に倣うものと、日本語に基づいて漢文に綴られたものとに大きく分けられる。前者は本来の漢文に適った、中国古典に遜色のない文章表現となっているものである。後者は、漢文訓読文などの日本語から逆成した漢文で、漢字の訓に依拠しつつも、漢文の様式を借用した文章様式をいう。たとえば、次の『古事記』の例を見ると、日本語に基づいていることが明らかである。

次国稚如浮脂而、久羅下那州多陀用弊流之時、流字以上十字以音、如葦牙因萌騰之物而成神名、宇摩志阿斯訶備比古遅神、此神名以音（『古事記』上巻）

次ニ国稚《わか》ク浮キシ脂《あぶら》ノ如クシテ、クラゲナスタダヨヘル時、（流ノ字以上ノ十字ハ音ヲ以チキル）、葦牙《あしかび》ノ如ク萌エ騰《あが》ル物ニ因リテ成レル神ノ名ハ、ウマシアシカビヒコヂノ神、（此ノ神ノ名ハ音ヲ以チキル）

ただし、前者には、純漢文を目指しながらも、母語である日本語の影響によって和習（和臭とも言う）が無意識に混入した場合もあって、日本語的な要素の有無を意図的か否かによって厳密に判別することはむずかしい。

日本語的な表現の混じった漢文を「変体漢文」と呼ぶこともあるが、「純漢文」を正しいものとしてその「逸脱」という、マイナス評価のニュアンス

和化漢文の二大分類　和化漢文を大きく二つに分ける基準は、これまで純漢文を志向するか否かによって分けられてきた。純漢文を志向するものは、文芸性を追究し、公的な性格を帯びるものという関連性が認められている。一方、純漢文の作成を目指さないで日本語文を志向する文章は、実用性を重んじ、私的な場合にも用いられると想定されている。

しかし、漢詩や詩文の序のような、芸術作品として鑑賞の対象となる文章以外は、程度の差こそあれ、何らかの実用性を有すると考えるべきであり、両者は截然と区別されるものではなく連続的に捉えた方がよい。

「和化漢文」という用語　この日本語的要素を含む漢文体の呼び名は、「和化漢文」「変体漢文」「漢式和文」「擬似漢文」などがあり、研究者によって、その定義も異なる。それは、日本語話者の記した漢文が、古来中国語話者めあての「純漢文」のみを志向したわけではないからである。さらに、古代朝鮮半島で記された漢文を「韓化漢文」（「俗漢文」ともいう）と呼んでいることを考え合わせると、漢字漢文の影響を強く受けた中国周辺諸国にお

が含まれるため、以下には「和化漢文」と呼ぶこととする。

和化漢文における用字・用語の変遷　和化漢文は、古代以来近世に至るまで命脈を保ち書き続けられるが、その間、言語面でもさまざまな変遷を遂げている。補助動詞「たまふ」は、奈良時代から平安時代初期まで「賜」「給」の二字が併存していたが、中期以降徐々に「給」に固定していく。

「賜」の用例

・乃神夜良比爾夜良比賜也。（『古事記』上巻）
　乃チ神ヤラヒニヤラヒ賜ヒキ。

・汝所知食国止事向賜之香島国。（『常陸国風土記』）
　汝ガ知《し》ロシ食《め》サム国ト事向ケ賜ヒシ香島《かしま》ノ国。

「給」の用例

・灌仏事如レ常、此日左閤参給。（『貞信公記抄』延喜七年四月八日）
　灌仏事常ノ如シ、此ノ日左閤参リ給フ。

・上皇遊二狩北野一給。（『九暦抄』天暦元年二月二十五日）
　上皇遊ビテ北野ニ狩シ給フ。

原因・理由を表す「間」の用法の成立も、一〇世紀頃のようであり、

・荘厳已成之後、両卿相次薨卒。其後麻毛利宿禰一女子佐伯氏子居二住彼等一。而不治之間、令レ破二壊数屋一、竟発二邪心一。彼田地奉レ沽二閑院大臣一。即買留。（佐伯院付属状、延喜五年〈九〇五〉七月十一日『平安遺文』一九二）

ける、それぞれの言語における漢文体の表現のあり方を客観的に呼び分ける上でも、「和化」の方がよりふさわしいと考えられる。

和化漢文の下位分類　和化漢文には、さまざまな内容のものがあり、日本語的要素の混入の程度も文献によって大きな違いがある。和化漢文の下位分類として、次のようなものが挙げられている。

真名本…本来のものとして仮名文・漢字仮名交り文が現存したり、その存在が想定されたりする漢字文。

記録体…文体上、純漢文とは異なる独自の特徴を有する実用文。（峰岸明『平安時代古記録の国語学的研究』一九八六年）

文書体…文書に用いられる実用的な漢文（三保忠夫『古文書の国語学的研究』二〇〇四年）

古代の和化漢文　奈良時代にはすでに、日本語話者相互の記録手段としての和化漢文を用いて綴られている。歴史書では『古事記』、地誌書では『播磨国風土記』『出雲国風土記』、仏書では『元興寺縁起』などの縁起がある。

平安時代には、説話として『日本霊異記』『注好選』、戦記物としては『陸奥話記』『将門記』などが著名であり、伝記・往生伝では『本朝往生伝』や『日本極楽往生記』『法華験記』、往来物は『雲州往来』や『高山寺本古往来』『和

荘厳已ニ成ジテ後、両卿相ヒ次イデ薨卒ス。其ノ後麻毛利ノ宿禰ノ一女子佐伯氏子彼等ニ居住ス。而ルニ不治ノ間、数屋ヲ破壊セシメ、竟ニ邪心ヲ発ス。彼ノ田地閑院大臣ニ沽《こ》シ奉ル。即チ買ヒ留ム。

右の例を初出として、この頃にその用法を獲得したものと説かれる。下って、院政期を境にして、連体格に立つ「殊（ことなる）」が、「指（させる）」に交替する事象も指摘されている。

（「殊」の用例）

・入レ夜頼任云、明日可レ有二作文事一。無二殊障一。候二御物忌一者、雖レ有二悩所一参入。（『御堂関白記』寛弘三年七月六日）

夜ニ入リ頼任云ハク、明日作文ノ事有ルベシ。殊ニ障無シ。御物忌候ハバ、悩ム所有リト雖モ参入ス。

（「指」の用例）

・余驚之企二参内一。抑必非レ可二参内一雖、左府高年上、余為二下臈一。無二指障一而不レ参不便也。（『殿暦』康和五年十二月五日）

余驚キテ参内ヲ企ツ。抑モ必ズシモ参内スベキニ非ラズト雖モ、左府高ク年上ニシテ、余ハ下臈タリ。指セル障無クシテ参ラザルモ不便ナリ。

和化漢文における用字の位相差　書き手の社会的属性や、公か私か（あるいは晴か褻か）のどちらに傾くかで、選択する漢字の異なるケースがある。仏書に準拠する漢文に、「かくのごとく」を一般的な「如此」ではなく、「如是」と表記する傾向など、仏教寺院の僧侶の手になる漢文には、しばしば役人や

泉往来』が知られている。なお、九世紀に仮名が成立した後は、これを交えた文献も出現する。記録体の典型は公家日記の類であって、『貞信公記』『御堂関白記』『後二条師通記』などがある。このほか、『尾張国解文』や平安遺文所収の古文書も漢字専用文を原則としている。

院政期以降は、和化漢文に訓点が付けられた文献が次第に増加していく。おそらく当該の漢文を享受する側の学力では充分に読み解けず、訓点がなくては正確に訓み下せない事態に陥っていたのであろう。

中世の和化漢文　鎌倉時代には、そのような状況を承け、引き続き、日記や文書が作成されるが、このほかに鎌倉幕府関係の『吾妻鏡』や『御成敗式目』（貞永式目とも）、また、寺院社会で製作された聖教類、さらには真名本と呼ばれる一群の文献などが出現するようになる。

真名本は、その表記体から、和化漢文系統と万葉仮名系統に二つに分類されるのが通例である。前者には、妙本寺本『曽我物語』、『真字熟田本平家物語』、『方丈記』などがあり、後者では、伝具平親王撰『真名伊勢物語』が有名であるが、さらに近世には『古今集』『百人一首』『伊勢物語』『徒然草』の真名本も知られている。

貴族など俗家の書く漢文とは異なる用字がある。たとえば、副詞「たとひ」の漢字表記は、通常「縦」字が使用されるが、まま「設」字も見える。この「設」字は僧侶の実用漢字であり、また、接続詞「これによりて」の表記について、僧侶社会では「依之」を比較的平俗な文書に用いていた。

和化漢文の特徴　漢文に混入する日本語的要素には、次のようなものがある。

①語順が、日本語式（もしくは破格）を採ることがある。

・次経房朝臣可二奉仕一之由被レ仰。（『権記』正暦四年七月二十八日）

　次イデ経房朝臣、奉仕スベキ由仰セラル。

・付二蔵人弁一令レ奏二蔵人頭辞之状一。（『権記』長保二年年三月十四日）

　蔵人弁ニ付シテ蔵人頭ヲ辞スル状ヲ奏セシム。

・殿上人土御門馬場来。（『御堂関白記』長保二年五月二十五日）

　殿上人、土御門ノ馬場ニ来ル。

②純漢文にない漢字の用法がある。

・而被レ尋二前例一処、去永観例如レ此。（『御堂関白記』寛弘三年十二月二十九日）

　而ルニ前例ヲ尋ネラルル処、去ル永観ノ例此クノゴトシ。

・及レ暁従二一条一人来。（『御堂関白記』長和五年七月二十五日）

　暁ニ及ビテ一条ヨリ人来ル。

和化漢文の用語・表記　『吾妻鏡』には、「押領」「雅意」「覚悟」「勝事」「進止」「物忩」の漢語など、この時期新たに出現するものが多い。また、「いそぐ」の訓が「急」字と結びつくのも、鎌倉時代以降かと見られている。

「押領」…本来自分の所有地でないところを我がものにする。

・為保数代相伝スル之処、安田三郎押二領ス之ヲ一。（『吾妻鏡』養和二年五月十六日）

「雅意」…個人の考え。

・廷尉者、挿《さしはさミ》二自専之慮ヲ一、曽テ不レ守ラ二御旨ヲ一。偏ニ任《まかせ》二雅意ニ一致《いたス》二自由之張行ヲ一之間。（元暦二年四月二十一日）

「覚悟」…気がつく、意識して弁える。

・二品被レ仰セ。亦タ彼ノ年齢有リ二御不審一。数輩雖モレ候フト二御前ニ一、無シ二覚悟ノ人一。（文治五年三月五日）

「勝事」…不吉な出来事。

・抑モ今日ノ勝事、兼テ示ス二変異ヲ一。事非ズレ一ニ。（建保七年正月二十七日）

「進止」…土地を支配する。

・従《したがヒ》二本寺之進止ニ一可キレ令ムレ致サ二年貢課役ノ勤ヲ一之由、所レ被ルル二仰セ下サ一也。（文治二年九月十三日）

「物忩」…天下が騒がしいこと。騒然。

・世上ノ物忩頗ル静謐ナリ。群参ノ御家人依リテレ仰セニ大半及ブ二帰国ニ一。（元久二年五月

③敬語の補助動詞など、漢文を訓読する際に補読する語が漢字表記される。

・於二中門一従二御輿一下給。(『御堂関白記』長保元年三月十六日)

中門ニオイテ御輿ヨリ下リタマフ。

・但殿下宇治殿参入御坐。(『後二条師通記別記』永保三年二月二日)

但シ殿下、宇治殿ニ参入シオハシマス。

④和語が漢字表記される場合。

・友頼自切二本鳥一急出家。(『兵範記』仁平二年二月三日)

友頼、自ラモトドリヲ切リ、急ニ出家ス。

・極有二片腹痛御詞一云々。(『小右記』長和三年十二月八日)

極メテカタハライタキ御詞有リ。

・中宮六借気ニ御歟。(『殿暦』康和三年八月二十二日)

中宮、ムツカシゲニオハスカ。

⑤和製漢語が用いられる。

・右衛門督不合由云々、仍絹三十疋、米百石及。(『御堂関白記』寛弘四年正月六日)

右衛門督、不合ノ由ト云々、仍リテ絹三十疋、米百石ヲ及ボス。

・夾名折紙先度返上之由存候之処、取落候了、尾篭候歟。(『民経記』寛喜三年正月)

夾名ノ折紙、先度返上スル由存ジ候フ処、取リ落シ候ヒヲハンヌ、尾篭ニ候フカ。

三日)

和製漢語と和化漢語　和化漢文には、語彙のレベルでも様々な日本語的表現が認められる。漢語の中で、日本語側で作られたものを和製漢語と言うが、これは字面そのものが中国古典文(漢文)に見られないものである。これに対して、語形は中国古典文(漢文)に認められるが、意味用法が日本側で変化する場合があり、これを和化漢語と言うことがある。

たとえば、和漢混淆文の代表作として知られる『平家物語』には漢語が豊富に用いられていることが指摘されているが、次のような漢語は、中国古典文での意味用法とは異なっており、和化漢文、特に日本漢詩文の世界で意味変化を起こした和化漢語である。

「仙洞」…上皇御所。

・又しら河の院の御時、寛治二年正月十五日、仙洞にて種々の御読儀ありけり。(巻第十・高野御幸)

「龍蹄」…駿馬。

・明る十二日、奥の秀衡がもとより木曽殿へ龍蹄二疋奉る。(巻第七・倶利伽羅落)

「四明」…比叡山。

・「三台槐門の家を出て、四明幽渓の窓に入しよりこのかた、ひろく圓宗の教法を学して、顯密兩宗をまなびき。たゞ吾山の興隆をのみ思へり。(以下略)」とて、(巻第二・

⑥ 固有名詞以外の語を、万葉仮名・平仮名・片仮名で表記する。

・阿末太参来。（『貞信公記抄』延喜七年八月一日）

　アマタ参リ来ル。

・早朝左衛門督許かくいひやる、わかなつむかすかのはらにゆきふれはこ、ろつかひをけふさへそやる。（『御堂関白記』寛弘元年二月六日裏書）

・門ノ北ノツラヲ出ナリ。（『台記』保延二年十月十六日）

課題7・1　水江の浦の嶼子

（『風土記』丹後国）

長谷ノ朝倉ノ宮ニ御宇《あめのしたをさめたまヒシ》天皇ノ御世、嶼子《しまこ》独リ乗リ二小船ニ一、汎《うかビ》二出デテ海中ニ一為《せり》レ釣。経ヌレド二三日三夜ヲ一、不レ得二一ノ魚ヲダニ一、乃チ得二五色ノ亀ヲ一。心ニ思ヒ二奇異ナリト一、置キ二于船ノ中ニ一即チ寐《ね》ツルニ、忽ニ為リヌ二婦人ト一。其ノ容《かほ》美麗ニシテ、更ニ不レ可カラレ比《なら》ブ。

嶼子問ヒテ曰ハク、「人宅遥ニ遠ク、海庭ニ人乏《な》キニ、詎《いか》ニ人忽ニ来レルト。」女娘《をとめ》微咲シテ対《こたへ》テ曰ハク、「風流《みやび》之士《を》、独リ汎ベリ二蒼海ニ一。不レ勝《たへ》二近ク談《かたら》ハムニ一、就キテ二風雲ニ一来レリト。」嶼子復問ヒテ曰ハク、「風雲ハ何処《いづく》ヨリカ来レルト。」女娘答ヘテ曰ハク、「天上ノ仙家之人也。請フ君勿レ疑フコト。垂《た》レタマヘト二相

　一行阿闍梨之沙汰）

「紅涙」…悔し涙。

・勲章おこなはるべき處に、虎口の讒言によ（ツ）てむなしく紅涙にしづむ。（巻第十一・腰越）

和化漢文における仮名の交用　和化漢文は、表記上漢字専用文であることが原則であるが、上記のように、しばしば仮名が交え用いられることがある。公家日記中の仮名の交用は、

① 普通の散文の概念語で、その和語の意味が、漢字では的確に表しえない場合
② 和歌を書き表す場合
③ 儀式などの際の会話の用語
④ 加点された漢文の形態を模した場合
⑤ 漢字・漢語に対する訓釈

のような諸事情によると説かれる。

ただし、時として和歌の前後の地の文に及んだり、必ずしも儀式とは関係のない一般の会話や叙述にも仮名表記が見えることがある。

・被仰、つゆのみのくさのやとりにきみをおきてちりをいてぬることをこそおもへとおほせられて臥給後、不覚御座（『御堂関白記』寛弘八年六月二十一日）

・殿下見ルヘキナリ（『後二条師通記』応徳三年十一月十四日裏書）

談《かたらヒ》之《の》愛《ヲ》。」爰《ニ》嶼子知《リ》神女《ト》、鎮《しづメキ》懼《おそレテ》疑心《ヲ》。

課題7・2　尾張国解文　第十七条

一、請《フ》被《レムト》裁断《セ》以《ツテ》旧年《ノ》用残《ノ》稲穀《ヲ》令《ムル》舂《つキ》運《バ》京宅《ニ》事

右、用残《ノ》官物、非《ズ》当時之所納《ニ》、已《ニ》旧代分附之者《ものナリ》。須《ク》以《ツテ》如《キノ》此之物《ヲ》下《シテ》符借貸《ニ》宛《テ》下《おろス》農料《ニ》者也《ものなり》。而《ルニ》猶《ホ》思《ヒテ》生活之便《リヲ》、及《ビテ》五六月之比《ころニ》、令《ム》舂《つキ》運《バ》郡司百姓等《ニ》。所《ノ》舂得《キタル》米束別三四合、所《ノ》填《みつルハ》米全《ク》五升法也。然《レバ》則《チ》貧弊之人民、无頼之郡司、抱《キテ》愁《ヲ》為《し》枕《ト》、費《ヤス》国之吏、煩《ハス》民之謀、無《シ》過《ギタルハ》於斯《ニ》。望《ミ》請《フハ》裁断《シテ》、以《テ》将《ニ》《むトス》令《メ》知《ラ》貪利之恥《ヲ》矣。

課題7・3　行成、書《ク》斉信之失錯《ヲ》于扇《ニ》事

（『古事談』第一　王道后宮）

後一条院《ノ》御時、踏歌《ノ》節会出御之時、乍《ラ》置《キ》三

課題7・1　『風土記』（丹後国）水江の浦の嶼子　『丹後国風土記』の逸文。ここは童話「浦島太郎」の原話の一つ。

長谷朝倉宮御宇天皇　雄略天皇。

五色亀　五行思想に基づく、青・朱・黄・白・玄の五色。神仙の亀。

海庭　漁場としての海面。

風流之士　都会風に洗練された美男子。

課題7・2　尾張国解文　第十七条　国司藤原元命が前年の正税のうちの用残稲（諸支出を差し引いて残った稲穀）を着服し、都の自宅に運ばせたことを訴えている。

解文　げもん（げぶみ）。役所や上位者に対して訴え、上申する公文書。

官物　諸国から政府におさめる上納物。

課題7・3　『古事談』　鎌倉時代（一二一五年頃）成立の世俗説話集。源顕兼撰。

後一条院御時　万寿二（一〇二五）年二月九日の出来事。

位中将師房ヲ一、大納言斉信卿称ス二警《けい》蹕《ひつ》之事ヲ一。権大納言行成卿注シ二其ノ失錯ヲ於扇ニ一、置ク二臥《が》内《ない》ニ一。而ルニ子息少将行経、取リテ二件ノ扇ヲ一参内ス。隆国相替ヘテ二自ラノ扇ニ一見レバレ之ヲ、記スト二斉信卿ノ失礼ノ事ヲ一云々。及ブ二披露ニ一之条、斉信卿怨恨無シトレ極《きはまり》云々。行成卿云ハク、「為ニ二記暦ノ一、先ヅ注スレ扇ニ。為《ため》ナリレ不ランガレ忘レ二彼ノ日ノ事ヲ一。而ルニ行経取リテレ之ヲ参内ス。後ニ聞ク二此ノ事ヲ一、極メテ不便ナリト。」云々。本自《もとより》不快之中也。若シ作《な》シ二不ルレ知ラ顔ヲ一及ブ二多聞ニ一歟。斉信卿所レ怨《いか》ル尤モ可シレ然ル。至リテ二失錯ニ一者《は》、可キレ無カルレ所レ遁ルルト歟云々。

踏歌節会　男女が足を踏みならしながら舞い歌う年中行事。
三位中将師房　一〇〇八〜七七年。父は村上天皇の息子、具平親王。頼通の養子となり源姓を賜る。
大納言斉信　九六七〜一〇三五年。藤原為光の息子。
警蹕之事　天皇の出御や神事の際に先払いの声を出すこと。
権大納言行成　九七二〜一〇二七年。日記に『権記』がある。
行経　一〇一二〜五〇年。
隆国　一〇〇四〜七七年。源高明の孫、俊房の息子。

練習問題 7

次の傍線部について、和化漢文の特徴を説明しなさい。

①従リ二今日一住《じゅう》シテレ堂ニ、(法華)文句ノ遺巻ヲ読ム　(『御堂関白記』長保六年七月八日)

②池辺大宮治天下天皇大《おほ》御《み》身《み》労《いたづ》キ賜ヒシ時　(『法隆寺金堂薬師仏造像銘』)

③子時戌時許早雨下ル、而ルニ即チ晴レ了ヌ　(『御堂関白記』長保元年二月九日)

第8講　日本漢文を読む

日本漢文とは　日本漢文とは、日本語の書き言葉の文体の一つで、日本語話者の記録した漢文体を言う。ただし、漢文の様式に準拠して書かれるが、元来の中国漢文（すなわち純漢文。正格漢文とも言う）には見られない、日本語的要素（和習、また和臭とも）が混じることもある。

九世紀に仮名が成立する以前は漢字だけを用いて事柄が書き記された。その中には万葉仮名を交えたり、主に万葉仮名で書き記されたりした文章もあるが、主として漢文が用いられた。そして、仮名が成立した後も、江戸時代までは漢字漢文が公的な表記様式とされていたことから、作成された日本漢文は膨大な量にのぼる。本講では、語法などに日本語的な要素が比較的少ないものを中心に古代から中世までの日本漢文を取りあげることにする（古記録、古往来などを含む和化漢文については別の講を参照されたい）。

奈良時代以前の日本漢文　七世紀以前の漢文で書かれた書物としては、聖徳太子の作と伝えられる『三教義疏』がある。勝鬘経・維摩経・法華経という三つの経典に関する注釈書である。金石文では、最古級のものとしては「稲荷山古墳鉄剣銘」（四七一年）があるほか、「伊予国湯崗側碑」（「道後温泉碑」とも。五九四年という）、「宇治橋断碑」（六四六年）、「那須国造碑」（七〇〇年）や、「法隆寺観世音菩薩造像記」（六〇六年）、「法隆寺金堂釈迦仏造像記」

仮名と真名　漢字の字義とかかわりなく単にその読み（漢字の音または訓）を借りる漢字の用法を「仮名」と呼ぶ。「仮名」とは「かり（仮）＋な（文字）」という意で、漢字の六書のうち、仮借に相当する。「波」をハ、「奈」をナという音節を書き表すために用いて、〈はな〉を「波奈」と書き表す用法が『万葉集』によく見えることから、漢字の読みを借りたものを「万葉仮名」と言う。この「万葉仮名」から、略体の「片仮名」、草書をさらに崩した「平仮名」が九世紀に生じた。一方、漢字本来の字義で用いたものを、「ま（本当の）＋な（文字）」の意で、「真名」という。

仏書と漢籍　仏教に関する書物を仏書、仏書以外の、中国人が漢文で書いた書物を漢籍と呼ぶ。漢籍は大きく四分類されるが、その伝統は三世紀に生じ、隋唐以降は、「経」（儒教の経典。経籍）、「史」（『史記』などの史書。史籍）、「子」（諸子百家・農学書・兵書など、経・史・集以外のすべて）、「集」（詩文集）の四部に分けられた。

（六二三年）などがある。

八世紀になると、『律令』（大宝律令・養老律令）のような法制書、『日本書紀』（七二〇年）、『常陸国風土記』（七二一年頃か）などの歴史書および地誌、『懐風藻』（七五一年頃）などの漢詩文集、『大職冠伝』（藤原仲麻呂、七六〇年頃）、『唐大和上東征伝』（淡海三船、七七九年）などの伝記、また、詔勅や官符の公文書などがある。このうち、法制書や正史、漢詩文集などは、中国古典の純漢文に準拠した漢文である。

平安時代の日本漢文　平安時代に入ると、初期（ほぼ九世紀代）は国風暗黒時代とも称されるように、唐風文化が盛んに行われ、嵯峨天皇から清和天皇にかけての時代には、天皇が編集を命じた勅撰による漢詩文が編集された。

『凌雲《りょううん》集』八一四年成立（嵯峨天皇の勅命。七八二年以来の作を集めた漢詩集）小野岑守《みねもり》・菅原清公《きよきみ》・勇山文継《いさやまのふみつぐ》ら編。

『文華秀麗集』八一七年成立（嵯峨天皇の勅命。『凌雲集』に漏れた作を集めた漢詩集）藤原冬嗣《ふゆつぐ》・菅原清公・勇山文継ら編。

『経国集』八二七年（淳和天皇の勅命。七〇七年以来の作を集めた漢詩文集）菅原清公・南淵弘貞《みなぶちのひろさだ》・安倍吉人《あべのよしひと》ら編。

右の三書を勅撰三集とも総称する。その後の漢詩文集には『扶桑集』（紀斉《ただ》名《な》編、九九五～九九八年）、『本朝麗藻』（高階積善《もりよし》編という、一〇〇四～一〇一一年頃）、『本朝文粋』（藤原明衡《あきひら》編、十一世紀中葉）、『朝野群載』（三善為康編、一一一六年。のち一一三五～四一年頃増補）、『本朝続文粋』

律令制下の漢文学習　官僚を任用する選考基準を定めた選叙令では「秀才・明経《みょうぎょう》・進《しん》士《じ》・明法《みょうぼう》」の四種類の試験が定められている。そして、考課令《こうかりょう》（官僚の勤務に関する規定）によると、「秀才」は方略策（国家の根本的な戦略）、進士は時務策（政治的方策）と、『文選』（昭明太子蕭統《しょうとう》編、五三〇年頃）、『爾雅』についての試験が課された。明経は『周礼』『春秋左氏伝』『礼記』『毛詩（詩経）』『孝経』『論語』などの儒学、明法は律令についての試験が行われた。

高級官僚の育成機関として唐の制度に倣って大学寮が作られ、大学で教授すべき経書として、『周易（易経）』『尚書（書経）』『周礼』『儀礼』『礼記』『毛詩（詩経）』『春秋左氏伝』をあげ、中でも『孝経』『論語』が必修であると、学令（大学・国学における学制全般に関する規定）に定められている。また、基礎的な漢文能力を試す試験には『文選』『爾雅』などから、また、紀伝道を志望する学生に対してはまず『史記』『漢書』から出題するというように、漢籍の基本図書が広く学ばれることになった。

（一一四〇年以後）、『本朝無題詩』（一一六二〜四年頃）などがある。

弘法大師空海（七七四〜八三五）は思想・文学理論・漢詩文など多方面に才能を発揮した人物で、『三教指帰』『文鏡秘府論』などを著し、その詩文集としては真済が空海の生前に編集した『遍照発揮性霊集』がある。菅原道真は白居易の影響の下、平安朝第一の詩人とも称賛されており、『菅家文草』『菅家後集』に詩文が残されている。九世紀の代表的な詩人には、小野篁《たかむら》・都良香《よしか》・島田忠臣・橘広相《ひろみ》などがいた。

史書では、『続日本紀』（藤原継縄ら撰、七九七年）、『日本後紀』（藤原冬嗣ら撰、八四一年）、『続日本後紀』（藤原良房ら撰、八六九年）、『文徳実録』（藤原基経ら撰、八七九年）、『三代実録』（藤原時平ら撰、九〇一年）があり、これらの正史は『日本書紀』とともに「六国史」と呼ばれる。ほかにも、『古語拾遺』（斎部広成撰、八〇八年）、『新撰姓氏録』（万多《まんだ》親王撰、八一四年）、『類聚国史』（菅原道真撰、八九二年）などがある。法制書では、『弘仁格』（藤原冬嗣ら撰、八二〇年）、『令義解』（清原夏野撰、八三三年）、『延喜式』（藤原忠平ら撰、九二七年）、『類聚三代格』（十一世紀頃）などがあり、有職故実の書には『西宮記』（源高明、十世紀）、『北山抄』（藤原公任、一一世紀前半）、『江家次第』（大江匡房、一二世紀初め）などがあった。

漢詩文の作法書には『作文大体』（大江朝綱、九五七年）、医学書には『医心方』（丹波康頼、九八四年）、そして、仏教関係の書では、『日本霊異記』（景戒、九世紀前半）、『日本感霊録』（八四七年以降）、『日本往生極楽記』（慶滋《よししげの》

文選と白氏文集　『枕草子』（文は）には、漢詩文の代表的なものとして『白氏文集』（白居易の詩文集）、『文選』、「新賦」（六朝時代の作品という）、「五帝本紀」（『史記』巻一）や、「願文《がんもん》」（神仏に祈願する文）、「表《ひょう》」（天皇への上奏文）、「博士の申文《もうしぶみ》」（文章博士が官位昇進などについて書き記した申請書）をあげている（「願文・表・申文」は内容や形式による文章の分類名）。

『徒然草』にも「ひとり灯《ともしび》のもとに文をひろげて、見ぬ世の人を友とするぞ、こよなう慰さむわざなる。文《ぶん》は文選のあはれなる巻々、白氏文集、老子のことば、南華《なんくわ》の篇」（十三段）とも記されている（「南華の篇」とは『荘子』のこと）。

このように『文選』『白氏文集』は日本への影響が甚大であったことが知られる。前者は七世紀極初期以前に伝来し、平安時代にかけて知識人必須の教養書として盛んに読まれた。後者は九世紀に伝わり、詩が平易で理解しやすい、儒教・仏教・道教の調和がとれた思想に基づく、篤実な人格であったなどの理由から、以降大いに受け入れられた。

保胤《やすたね》、九八五年）などの説話のほか、『往生要集』（源信《げんしん》、九八五年）などがあった。

中世日本の漢文　鎌倉時代末期から室町時代にかけての京都五山を中心とした禅僧の手になる漢詩文を五山文学と呼んでいる。鎌倉時代末期から南北朝時代にかけての代表的な漢詩人には、虎関師錬（一二七八～一三四六）・中巌円月（一三〇〇～一三七五）・雪村友梅（一二九〇～一三四六）・別源円旨（一二九四～一三六四）・義堂周信（一三二六～一三八九）・絶海中津（一三三六～一四〇五）などがおり、特に五山文学の最高峰として「文の義堂、詩の絶海」とも評価されている。室町時代に入ると、一休宗純（一三九四～一四八一）、希世霊彦（一四〇三～一四八八）、景徐周麟（一四四〇～一五一八）などがいた。五山の僧たちは禅行に励む一方、漢詩文に優れ、また、儒学にも通暁していた。中でも、程朱学をよく理解しており、江戸時代の儒学興隆の礎をなした、岐陽方秀（一三六一～一四二四）と桂庵玄樹（一四二七～一五〇八）はその代表的な人物である。

史書としては、一一八〇年から一二六六年までの鎌倉幕府の事績を記した『吾妻鏡』（『東鑑』とも、一三〇〇年頃）、『帝王編年記』（一四世紀後半）、仏教関係書では、『喫茶養生記』（栄西、一二一一・一二一四年）、『立正安国論』（日蓮、一二六〇年）、そして、日本の仏教史を概説した『元亨釈書』（虎関師錬、一三二二年）などがある。また、有職故実書には『禁秘抄（禁中抄とも）』（順徳天皇、一二二一年）、『職原抄』（北畠親房、一三四〇年）などがあった。

日本の古辞書　現存最古の日本人の手になる辞書は『篆隷万象名義』（空海、八三五年以前）であるが、梁の顧野王の『玉篇』を抄出したものである。その後は漢字・漢文・漢語の辞書として次のようなものが編集された

①字書（部首分類）
『新撰字鏡』（昌住、八九八～九〇一年頃）、『類聚名義抄』（一一〇〇年前後）、『倭玉篇』（一四世紀）

②意義分類体辞書
『本草和名』（深根輔仁《ふかねのすけひと》、九〇一～九二三年）、『和名類聚抄』（源順、九三一～九三八年）

③韻書
『東宮切韻』（菅原是善《これよし》、八四七～八五〇年）、『聚分韻略』（虎関師錬、一三〇六年序）

④類書
『秘府略』（滋野貞主《しげののさだぬし》ら撰、八三一年、千巻。二巻のみ現存）

右以外に音義があるほか、イロハ引き辞書としては、一一四四～八一年の間に初めて『色葉字類抄』（橘忠兼）が成立し、室町時代以降はさまざまな「節用集」が編集された。

課題8・1　大津皇子

（『懐風藻』）

皇子《ハ》者浄御原帝《きよみはらノみかど》之長子《ナリ》也。状貌魁梧《くわいごニシテ》、器宇峻遠《ナリ》。幼年《ニシテ》好《ミ》レ学《ヲ》、博覧《ニシテ》而能《ク》属《つづル》レ文《ヲ》。及《ビテ》レ壮《さかりニ》愛《このミ》レ武《ヲ》、多力《ニシテ》而能《ク》撃《ツ》レ剣《ヲ》。性頗《ル》放蕩《ニシテ》、不《シテ》レ拘《ラ》二法度《ニ》一、降《シテ》レ節《ヲ》礼《ス》レ士《ヲ》。由《リテ》レ是《ニ》人多《ク》附託《ス》。時《ニ》有《リ》二新羅《ノ》僧行心《ぎやうしん》一、解《ス》二天文・卜筮《ぼくぜいヲ》一。詔《シテ》二皇子《ニ》一曰《ハク》、「太子《ノ》骨法、不《ニ》二是《レ》人臣之相《ニアラ》一。以《テ》レ此《これヲ》久《シク》在《ラバ》二下位《ニ》一、恐《ラクハ》不《ラント》レ全《またクセ》レ身《ヲ》」。因《テ》進《ム》二逆謀《ヲ》一。迷《ヒ》二此《ノ》詿誤《くわいごニ》一、遂《ニ》図《ラス》二不軌《ヲ》一。嗚《あ》呼《あ》、惜《シキカナ》哉。蘊《つみテ》二彼《ノ》良才《ヲ》一、不《下》以《テ》二忠孝《ヲ》一保《タ》上レ身《ヲ》。近《ヅキテ》二此《ノ》姦竪《かんじゅニ》一、卒《つひニ》以《テ》二戮辱《りくじよくヲ》一自《ラ》終《フ》。古人《ノ》慎《つつミシ》二交遊《ヲ》一之意《こころ》、因《テ》以《おもひみレバ》深《キカナ》哉。時《ニ》年二十四。

五言。臨終。一絶。

金烏臨《ミ》二西舎《ニ》一　鼓声催《ス》二短命《ヲ》一
泉路無《シ》二賓主一　此《ノ》夕《ゆふべ》離《レテ》レ家《ヲ》向《カフ》

課題8・1『懐風藻』　日本の現存最古の漢詩集。一巻。七五一（天平勝宝三）年成立。撰者未詳。淡海三船、白壁王（後の光仁天皇）などの説がある。近江朝から奈良朝の間の六四人、一二〇首の詩をほぼ時代順に配列する。

浄御原帝　天武天皇。
状貌魁梧　身体容貌が大きくたくましい。
器宇峻遠　人品が高く、度量が奥深い。
不拘法度　規則に拘束されない。
降節　高貴な身分をへりくだる。
附託　付き従う。
新羅　新羅は朝鮮最初の統一王朝。三五六〜九三五年。
行心　『日本書紀』巻三十・持統即位前紀に、謀反に連座して、飛騨国の寺院に流されたと見える。
天文卜筮　天体の運行を見て吉凶を判断したり、占ったりすること。
骨法　骨格。
逆謀　謀反。
詿誤　まきぞえにすること。ここでは、行心が欺き惑わすことをいう。
不軌　常軌からはずれること。謀反を起こすこと。
蘊　重ね積む。中に蓄える。

課題8・2 富士山記 都良香

（『本朝文粋』巻第十二）

富士山者在駿河国。峯如削成、直《ただ》聳属《つづ》天。其高不可測。歴覧史籍所記、未有高於此山者也。其聳峯鬱《さかり》起、見在天際、臨瞰《み》海中。観其霊基所盤連、亙数千里間。行旅之人、経歴数日、乃過其下《ふもと》。去之《ここ》顧望、猶在山下《ふもと》。蓋神仙之所遊《いう》萃《すい》也。承和《しょうわ》年中、従山峯落来珠玉、玉有小孔《あな》。蓋是仙簾之貫珠也。又貞観十七年十一月五日、吏民仍旧致祭。日加午《ひる》天甚美《よ》晴。仰観山峯有白衣美女二人、双《なら》舞山巓《いただき》上。去巓一尺余、土《くに》人《ひと》共見、古老伝云。山名富士、取郡名也。山有神、名浅《あさ》間《ま》大《おほ》神《かみ》。此山高極雲表、不知幾《いく》丈《つゐ》。頂上有平地、広一許《いちりばかり》里。其頂《いただき》中央《なから》窪《くぼ》下、体《かたち》如炊《すい》甑《そう》。甑《こしき》底有神《あやシキ》池。池中有大石。石体《かたち》驚

姦豎　よこしまなまぐさ坊主。
戮辱　刑罰によって辱められる。
金烏　太陽。
泉路　死出の道。泉は黄泉のこと。
無賓主　客人も主人もいない、自分一人である。

課題8・2 『本朝文粋』　漢詩文集。十四巻。藤原明衡撰。十一世紀半ばの成立。嵯峨天皇から後一条天皇までの約二〇〇年間の漢詩文四二七編を収録。『文選』の体裁にならって編集したもの。

都良香　平安時代の漢学者・漢詩人。八三四〜八七九年。文章博士。
削成　刃物で削って生み出す。
属　つづく。連なる。
天際　大空の果て。
霊基　霊妙な、山のふもと。
盤連　曲がりくねって連なる。
里　長さの単位。時代によって異なるが、平安初期では約五三三メートルとされる。
遊萃　遊び集まる。
承和年中　八三四〜八四八年。
仙簾之貫珠　仙人の簾につけた玉。
貞観十七年　八七五年。
吏民　官吏と民衆。

奇《ナリ》、宛《あたかモ》如《シ》二蹲《そん》虎《こノ》一。亦《タ》其《ノ》甑《ノ》中《ニ》常《ニ》有《リテ》レ気蒸《シ》出《ヅ》。其《ノ》色純《もはラニ》青《シ》。窺《うかがへバ》二其《ノ》甑《ノ》底《ヲ》一、如《シ》二湯《ノ》沸《わキ》騰《ルガ》一。其《ノ》在《リテ》レ遠《キニ》望《メバ》者、常《ニ》見《ル》二煙火《ヲ》一。亦《タ》其《ノ》頂上《ニ》匝《めぐリテ》レ池《ヲ》生《フ》レ竹、青《せい》紺《こん》柔《じう》懦《ぜんナリ》。宿雪春夏不レ消《エ》。山《ノ》腰以下《ヨリしもつかたニ》、生《フ》二小松一。腹以上《ヨリかみつかたニ》、無《シ》二復《タ》生《フル》木一。白沙成《セリ》レ山《ヲ》。其《ノ》攀《ヂ》登《ル》者、止《マリテ》二於腹《ノ》下《ニ》一、不レ得レ達《いたルコトニ》レ上、以《テナリ》二白沙《ノ》流《レ》下《ルヲ》一也。相《あひ》伝《フ》、昔有《リテ》二役居士《えんのこじ》一、得《タリト》レ登《ルコト》二其《ノ》頂《ニ》一。後《ニ》攀《ヂ》登《ル》者、皆点《つク》二額《ひたひヲ》於腹《ノ》下《ニ》一。有《リ》二大《キナル》泉一、出《ヅ》レ自《リ》二腹《ノ》下一。遂《ニ》成《セリ》二大河《ヲ》一。其《ノ》流《ながレ》寒暑水《すい》旱《かんニモ》無《シ》レ有《ルコト》二盈《えい》縮《しゆく》一。山《ノ》東《ノ》脚下《あしノもとニ》、有《リ》二小山一。土《くに》俗《ひと》謂《フ》二之《これヲ》新山《にひやまト》一。本《ハ》平地《ナリ》也。延暦二十一年三月《ニ》、雲霧晦冥《くわいめい》、十日《ニシテ》而後《ニ》成《セリト》レ山《ヲ》。蓋《シ》神《ノ》造《レルナラン》也。

課題8・3　不出門　菅原道真

一従《タビリ》二謫落《セラレテ》一在《リ》二柴荊《さいけいニ》一　万死兢々《きようきようタリ》跼蹐《きよくせきノ》情

都府《ノ》楼纔《ニ》看《ル》二瓦《ノ》色《ヲ》一　観音寺《ニハ》只《ただ》聴《ク》二鐘《ノ》声《ヲノミ》一

中懐《ちゆうくわいハ》好《ことむなシ》逐《したがヒテ》二孤雲《ニ》一去《ル》　外物《ハ》相《あひ》逢《ヒテ》満月迎《フ》

（『菅家後集』）

加午　正午になって、さらに。
土人　土地の人々。
極雲表　雲の上まで突き抜ける。
丈　尺の十倍。
炊甑　蒸し器。「甑」は物を煮る器具。
蹲虎　うずくまったトラ。
煙火　炊事の時のけむり。
柔懦　やわらかくよわい。
宿雪　根雪。
山腰　山の腰、すなわち、ふもと。
腹　山の頂上とふもとの間。中腹。
白沙　白い砂。
腹下　山の中腹の下、すなわち、ふもと。
役居士　役《えん》の行者のこと。七、八世紀に、大和の葛城山にこもって呪術の修行をしたとされ、修験道の開祖と仰がれる。妖言を広めた罪で伊豆に流され、昼はそこにいるが、夜になると富士山に登って修行したと伝えられる。
点額腹下　ひたいを山腹につける。
水旱　水枯れ。
盈縮　増減すること。
脚　山のすそ。
土俗　土地の人々。
延暦二十一年　八〇二年。
雲霧晦冥　雲や霧が立ちこめて暗闇になる。

此ノ地ハ雖モ三身ノ無シト二撿《けん》繫《けい》セラルルコト一　何為《なにす》レゾ寸歩モ出デテレ門ヲ行カン

練習問題8

次の文を書き下し、現代語に訳しなさい。

（1）　落花ノ詞応ズレ製ニ　紀納言

禁底之梅、風花難シレ定メ。惜シムモ之ヲ不レ得。留ムルニ又無シレ謀。故ニ樹下ニ移シレ座ヲ、翫ビ来リテ忘ルレ疲ルルヲ。送リテレ日ヲ而看《み》、秉リテレ燭ヲ洒《すなは》チ賦スト云フレ爾《しか》。

（『本朝文粋』巻十）

［注］紀納言…紀長谷雄（八四五〜九一二）。

（2）　竹ノ雀　義堂周信

不レ啄《ついば》マ二太倉ノ粟《ぞく》ヲモ一
不レ穿タ二主人ノ屋ヲモ一
山林ニシテ有チツ二生涯ヲ一
暮ニハ宿ス一枝ノ竹ニ

（『空華集』）

課題漢文8・3『菅家後集』　菅原道真（八四五〜九〇三）の漢詩集。一巻。大宰府に左遷された後の三八編を収める。これ以前の作品は『菅家文草』（道真集　十二巻　九〇〇年成立）に収める。

謫落　官位を下げられて流される。
柴荊　しばといばら。転じて、あばら屋。
万死兢々　到底命はないものと、びくびくしている。
跼蹐情　畏れ慎み、身体を縮める。
都府　大宰府の政庁。
観音寺　大宰府の政庁近くにある観世音寺のこと。
中懐好　心の中は空虚である。
外物相逢　外界は規則正しくめぐって。
撿繫　手をくくられ、つながれる。

第9講　史書・伝記を読む

紀伝体と編年体　「紀伝体」とは、伝記を中心にして歴史を叙述していくもので、帝王の伝記である「本紀」、臣下の伝記である「列伝」を主とし、社会の重要な現象を記す「志」および年表や制度の一覧である「表」などから構成される。一方、年月の順を追って記述するものを「編年体」と呼ぶ。中国では『春秋』が編年体であったが、司馬遷の『史記』以降は紀伝体が主流になり、二十四史はすべて紀伝体で記されている。以下に述べる六国史は編年体で記されている。

六国史　奈良・平安時代に編纂された六種の勅選国史書の総称。いずれも漢文の編年体で記される。

	書名	時代	完成
1	日本書紀	神代から持統天皇まで（〜六九七年）	七二〇年
2	続日本紀	文武天皇から桓武天皇まで（六九七年〜七九一年）	七九七年
3	日本後紀	桓武天皇から淳和天皇まで（七九二年〜八三三年）	八四〇年
4	続日本後紀	仁明天皇の代（八三三年〜八五〇年）	八六九年

『史記』
紀元前九一年成立。中国正史の第一で、司馬遷（前一四五頃〜前八六頃）著。一三〇巻。次のような内容からなる。
　本紀（歴代帝王の事蹟）十二巻
　表（重要事項の年表）十巻
　書（文化・制度史）八巻
　世家（諸侯の列国史）三〇巻
　列伝（個人・異民族の記録）七〇巻
各巻末に「太史公曰」で始まる論評を記す形式も後代に影響を与えた。
　日本においては、紀伝道において必修の書となり、歴史だけではなく、文章の面でも尊重された。訓点資料、抄物、江戸時代の和刻本など日本語史の資料としても貴重である。

5	日本文徳天皇実録	文徳天皇の代 （八五〇年～八五八年）	八七九年
6	日本三代実録	清和天皇から光孝天皇まで （八五八年～八八七年）	九〇一年

薨卒伝　編年体においても、王臣や僧侶などの人物の死没記事があった場合、その後にその人物の列伝を付載することがある。このような列伝を「薨卒《こうしゅつ》伝」という。律令では、三位以上の人の死没を「薨」、四・五位の人の死亡を「卒」という。六国史においては、『日本書紀』に薨卒伝には見られず、『続日本紀』において採用され、『日本後紀』以降はさらに詳細なものになる。なお、『続日本紀』において薨卒伝は五四例見られ、皇后・皇太后三名、三位以上の王臣三六名、四位および五位以下の王臣九名、僧侶六名という内訳である。

その形式は、「課題9・1」を例にとると、「五月戊申。大和上鑑真物化。」と鑑真が死んだことを記した後に、「和上者楊州竜興寺之大徳也」と伝記の部分が始まり、「時年七十有七。」で伝記の部分が終わると、その後はまた

　癸丑。伊賀国疫。賑給之。

（五月十一日　伊賀国で疫病が流行する。物を恵み与える。）

戊午。河内国飢。賑給之。

（五月十六日　河内国で飢饉がある。物を恵み与える。）

と行政記録が続いていく。内容としては、出自、または祖父・父親などの係累について書き始め、任官・叙位などの官歴、性格・特技・学問などの特徴、

『続日本紀』

課題9・1で扱う『続日本紀』は、『日本書紀』に続く六国史の第二にあたり、桓武天皇の勅命により菅野真道らが延暦一六年（七九七）に完成した。四〇巻からなる。

諸本　蓬左文庫蔵の旧金沢文庫本は鎌倉時代書写の巻子本だが、巻一から十は慶長十九年（一六一四）の補写。卜部家に伝わる古写本を三条西実隆・公条父子が永正十二年（一五一五）に書写した永正本が現存する多くの写本（天理図書館蔵卜部兼右筆写本、宮内庁書陵部蔵谷森本など）の祖本となっているが、もとになった卜部本も永正本も現存しない。刊本としては、明暦三年（一六五七）立野春節校本などがある。

『吾妻鏡（東鑑）』

著者未詳。鎌倉時代成立。五二巻からなるが第四五巻を欠く。

　上記のように、治承四（一一八〇）年の源頼朝の挙兵から文永三（一二六六）年の第六代将軍・宗尊親王の辞任・帰京までの幕府の事績を編年体で記したもの。和化漢文で記され、日記の体裁をとっている。内容的には執権北条氏の立場を擁護する姿勢で記されている。

諸本　吉川本、島津本、北条本などがあり、この北条本をもとに慶長十（一六〇五）年に

功労・徳行など、当時の大きな事件などとの関連が記され、そして最後に薨卒の年齢が記されることが多い。「課題9・1」は比較的長いものであるが、短い伝記を例にあげると、次のような多治比真人広足の死没についての記事がある。

散位従三位多治比真人広足薨《ズ》。父志麻《ハ》、藤原朝正二位左大臣《ナリ》。広足《ハ》平城朝《ニ》歴任《シテ》内外《ニ》、至《ル》中納言《ニ》。勝宝九歳、坐《シテ》子姪《ノ》党逆《ニ》而免《ゼラレテ》職《ヲ》帰《リ》第《ニ》、以《テ》散位《ヲ》終《ル》焉。

（巻二十二　天平宝字四年正月）

まず、父親のことが書かれ、次に官歴、そして、天平宝字元年（天平勝宝九年）七月に橘奈良麻呂の変に連座して職を免ぜられたことを記す。なお、この事件に関連して、天平宝字元年八月四日には次のような天皇の勅が見られる。

勅《スラク》、中納言多治比真人広足、年臨《ミ》将《ニ》耄《ナラント》、力弱《クシテ》就《ク》列《ニ》。不《シテ》教《ヘ》諸姪《ヲ》、悉《ク》為《ス》賊徒《ト》。如《キノ》此《ノ》之《ルニ》人、何《ンゾ》居《センヤ》宰輔《ニ》。宜《ク》《シ》辞《シ》中納言《ヲ》以《テ》散位《ヲ》帰《ル》第《ニ》焉。

その他の歴史書　武家のものとして、鎌倉幕府において、源頼朝の挙兵（一一八〇年）から六代将軍宗尊親王の辞任（一二六六年）までを編年体で記した『吾妻鑑（東鑑）』があり、和化漢文で記されている。徳川幕府においては、三大将軍家光が林羅山に命じて編纂を始めた（後、編纂作業は林鵞峰に引き継がれる）『本朝通鑑』があり、神代から後陽成天皇の慶長十六

徳川家康が古活字版を出版し、寛永版本のもととなった。

『本朝通鑑』
林羅山・林鵞峰著。寛文十（一六七〇）年成立。三一〇巻。

神代から後陽成天皇の慶長十六（一六一一）年までを漢文で記した編年体の史書。徳川幕府の援助のもとで編纂がすすめられ、豊富な史料をもとに記された。書名は当初『本朝編年録』であったが、中国宋代の史書『資治通鑑』に倣い、『本朝通鑑』に変更されたという。

『大日本史』
三九七巻。水戸徳川家当主徳川光圀によって明暦三（一六五七）年に編集が始まり、彰考館が編纂局となって、明治三九年にすべての編集が終了した。

神武天皇から後小松天皇に至る史書。紀伝体で記され、本紀（七三巻）、列伝（一七〇巻）、志・表（一五四巻）よりなる。

神功皇后を皇位から除き皇后伝に列したこと、大友皇子を弘文天皇として帝紀に列したこと、南朝正統論を唱えたことを三大特筆とする。史観は大義名分論をとり、幕末の思想に大きな影響を与えた。質の高い漢文体で記され、記事には出典を明記するなど、極めて実証的な記述となっている。

（一六一一）年までが編年体・漢文で記される。その他、徳川光圀が編纂を命じた紀伝体の『大日本史』、また、仏教史としては、鎌倉末期に虎関師錬が記した高僧の伝記である『元亨釈書』などがある。

　なお、仮名文で歴史を物語風に叙述した「歴史物語」としては、編年体の『栄花物語』、紀伝体の『大鏡』などが有名である。

文学作品とその史料的価値　文学作品に分類されるものの中にも、その史料的価値が注目されるものがある。軍記物語の嚆矢である『将門記』を例にとると、この書は、承平・天慶の乱に関する実録的作品としても重視されている。文体は、和化漢文（変体漢文）で記される。和化漢文には、中国古典文（正格漢文）には見られない特徴的な語法や訓法がある。「課題9・2」から例示すれば次のようである。

○可レ勤二公務一之由仰二留守之国掌一　直接目的語＋動詞＋間接目的語の語順

○而　文頭では必ず逆接用法。しかるに。しかれども。

○者　会話の結びに用いる。「といへり」が短縮して「てへり」と読む。

『元亨釈書』
練習問題でも扱う『元亨釈書』は、臨済宗の僧、虎関師錬（一二七八～一三四六）著。元亨二（一三二二）年成立。日本初の仏教通史。全体を伝（巻一～十九）、資治表（巻二十～二十六）、志（巻二十七～三十）の三部編成とする。仏教伝来から鎌倉後期まで約七〇〇年の国内外の僧（や仏教崇拝者）の伝記や仏教史を記す。延文五（一三六〇）年に大蔵経に入った。

『将門記』
課題9・2でも扱う『将門記』は、作者未詳。平安時代中期以降の成立とされるが、不明。

　承平・天慶の乱に取材した漢文体戦記文学。平安時代の十世紀半ばに、平将門が東国で乱を起こし、平貞盛・藤原秀郷に討伐された顛末を記録したもの。中国古典の故事を交えながら、和化漢文で記される。和化漢文訓点資料として国語史料としても価値が高い。

諸本　古写本には、真福寺（名古屋市）本と楊守敬旧蔵本とが知られる。真福寺本には承徳三（一〇九九）年書写の奥書がある。ともに平安時代院政期の書写で、墨点による加点がある。

課題9・1　鑑真和上

（『続日本紀』巻第二十四）

五月戊申。大和上鑑真物化《ス》。和上《ハ》者楊州竜興寺《ノ》之大徳《ナリ》也。博《ク》渉《リ》経論《ニ》、尤《モ》精《シ》戒律《ニ》。江淮《ノ》之間、独《リ》為《ル》化主《ト》。天宝二載、留学《ノ》僧栄叡・業行等、白《まうシテ》和上《ニ》曰《ク》、「仏法東流《シテ》、至《レリ》於本国《ニ》。雖《モ》有《リト》其《ノ》教、無《シ》人《ノ》伝授《スルコト》。幸《ニ》願《クハ》和上東遊《シテ》興《サレンコトヲト》化《ヲ》。」辞旨懇《ニ》至《テ》諮請《シテ》不息《マ》。乃《チ》於《テ》楊州《ニ》買《ヒ》船《ヲ》入《ル》海《ニ》。而《ルニ》中途《ニシテ》風《ニ》漂《ヒテ》船被《レヌ》打《チ》破《ラ》。和上一心《ニ》念仏《シ》人皆頼《ミテ》之《ヲ》免《ル》死《ヲ》。至《リテ》於七載《ニ》、更《ニ》復《タ》渡海《ス》。亦《タ》遭《ヒテ》風浪《ニ》、漂着《ス》日南《ニ》。時《ニ》栄叡物故《シ》和上悲泣《シテ》失《ス》明《ヲ》。勝宝四年、本国《ノ》使適《たまたま》聘《スルトキ》于唐《ニ》。業行乃《チ》説《クニ》以《テス》宿心《ヲ》。遂《ニ》与弟子廿四人寄乗《シテ》副使大伴《ノ》宿禰古麻呂《ガ》船《ニ》帰朝《ス》。於《テ》東大寺《ニ》安置供養《ス》。于時《ニ》有《リテ》勅、校正《セシム》一切《ノ》経論《ヲ》。往往《ニ》誤字《アリ》。諸本皆同《クシテ》、莫《シ》之能《ク》正《スコト》。和上諳誦《シテ》、多《ク》下《ス》雌黄《ヲ》。又以《テ》諸《ノ》薬物《ヲ》

課題9・1『続日本紀』「鑑真和上」　鑑真の詳しい伝記としては、淡海三船による『唐大和上東征伝』があるが、この『続日本紀』の記述は、一部『唐大和上東征伝』によるものの、勅による経典の校正、薬物の判定、皇太后にすすめた薬の効果など大部分の逸話が他の史料によっている。

五月戊申　天平宝字七（七六三）年五月六日。

楊州竜興寺　今の江蘇省揚州市。鑑真ははじめ大雲寺、また竜興寺、大明寺と移った。

経論　経典と注釈のこと。

江淮之間　長江と淮水の間の地域。

化主　仏のこと。転じて、高僧。

栄叡　もと興福寺の僧。七三三年入唐。鑑真とともに何度も渡航を試みるが失敗した。

業行　本条以外では「普照」として出る。同人別号か。東大寺の僧。栄叡とともに七三三年入唐。以後、栄叡と行動をともにする。栄叡の没後、鑑真とともに帰国する。

興化　教化を盛んにすること。

辞旨　言葉と主旨。

諮請　請願する。

七載　天宝七載（天平二〇（七四八）年）六月二十七日に出帆した第五次の渡日計画。

日南　今のベトナム。

勝宝四年　天平勝宝四（七五二）年。

令《ム》レ名《ケ》二真偽《ヲ》一。和上一一以《テ》レ鼻《ヲ》別《ツ》レ之《ヲ》。一《モ》無《シ》二錯失《スルコト》一。聖武皇帝師《トシテ》レ之《ヲ》受戒《ス》焉。及《ビテ》二皇太后《ノ》不《ふ》悆《よニ》一、所《ノ》レ進《たてまつル》医薬有《リ》レ験。授《ク》二位《くらゐ》大僧正《ヲ》一。俄《ニ》以《テ》二綱務煩雑《ナルヲ》一、改《メテ》授《ケ》二大和上《ノ》之号《ヲ》一、施《スニ》以《テス》二備前国水田一百町《ヲ》一。又《タ》施《シテ》二新田部親王《ノ》之旧宅《ヲ》一、以《テ》為《サシム》二戒院《ト》一。今《ノ》招提寺是《レナリ》也。和上預《あらかじメ》記《シ》二終《ハル》日《ヲ》一、至《リテ》レ期《ニ》端坐《シテ》怡然《トシテ》遷化《ス》。時《ニ》年七十有七。

課題9・2　京中の騒動　（『将門記』）

偏《ニ》聞《キ》二此《ノ》言《ヲ》一、諸国《ノ》長官如《ク》レ魚《ノ》驚《キ》、如《ク》レ鳥《ノ》飛《ビ》早《ク》上《ル》二京洛《ニ》一。然《シテ》後《ニ》迄《いたるマデ》二武蔵相模等《ノ》之国《ニ》一、新皇巡検《シテ》皆領《シ》二掌《シテ》印鑰《やくヲ》一、可《キ》レ勤《ム》二公務《ヲ》一之由《ヲ》仰《ス》二留守《ノ》之国掌《ニ》一。乃《チ》可《キ》レ預《ル》二天位《ニ》一之状《ヲ》奏《シ》二於太政官《ニ》一、自《より》二相模《ノ》国一帰《ル》二於下総《ニ》一。仍《テ》京官大《ニ》驚《キ》宮中騒動《ス》。于時《ニ》本《ノ》天皇請《フ》二十日《ノ》之命《ヲ》於仏天《ニ》一。厥《そノ》内《ニ》屈《シテ》二名僧《ヲ》於七大寺《ニ》一、祭《ル》二礼奠《てんヲ》於八大

本国使適聘于唐　藤原清河が大使、大伴古麻呂・吉備真備が副使からなる遣唐使が鑑真に来日を招聘したこと。

宿心　宿願。

下雌黄　黄紙に顔料の雌黄を塗って誤字を消したことから、誤りを正す意。

皇太后不悆　皇太后（光明子）の病気。

綱務　僧綱（僧尼を統率し、法務を処理するために任命された僧侶の官）としての仕事。

怡然　柔和な表情をするさま。

課題9・2『将門記』

「京中の騒動」

平将門は、託宣を承け新皇として即位し、宰人であった興世王と玄茂が中心となり、宣旨として坂東諸国に対して除目を行った。

印鑰　国の印と正倉の鍵。

国掌　国衙で記録・雑務を行う国司の属官。

天位之状　天皇の位を預かる旨を記した書状。

京官　京都在住の中央政府の官吏。

本天皇　朱雀天皇（在位九三〇年〜九四六年）をさす。

七大寺　南都の七大寺、東大寺・興福寺・元興寺・大安寺・薬師寺・西大寺・法隆寺をさすか、あるいは単に七つの大寺院をさす。

礼奠　仏に捧げる供物。

明神《ニ》㆒。詔《シテ》曰《ク》、「忝《クモ》膺《うケテ》㆓天位《ヲ》㆒幸《ニ》纂《つグ》㆓鴻基《ヲ》㆒。而《ニ》将門監悪《ヲ》為《テ》㆑力《ト》㆑欲《ほっス》㆑奪《ハムト》㆓国位《ヲ》㆒者《テヘリ》。昨《きのふ》聞《ク》㆓此《ノ》奏《ヲ》㆒。今必《ズ》欲《ス》㆑来《ラムト》。早《ク》饗《シテ》㆓名神《ニ》㆒停《とどメタマヘ》㆓此《ノ》邪悪《ヲ》㆒。速《ニ》仰《ギ》㆓仏力《ヲ》㆒払《はらヒタマヘト》㆓彼《ノ》賊難《ヲ》㆒。」乃《チ》本皇《ハ》下《リ》㆑位《ヲ》摂《とりテ》㆓二掌《ヲ》㆒於額上《ニ》㆒、百官《ハ》潔斎《シテ》請《フ》㆓千祈《ヲ》於仁祠《ニ》㆒。

八大明神　伊勢神宮などの大社を数えていうか。
詔　天皇の言葉。
鴻基　帝王の大事業の根本。
名神　神祇官の奉幣にあずかる諸神社。
下位　玉座から下りて。
二掌　両手。
百官　いわゆる文武百官。内外の諸官。
潔斎　心身を清めること。
仁祠　寺院のこと。

練習問題9

次の文は鎌倉時代の僧、虎関師錬の著である『元亨釈書』における鑑真の伝記の一節である。これを書き下しなさい。

真流《サレシ》㆓日南国《ニ》㆒時、暑毒入《リ》㆑眼《ニ》患《テ》㆑之《ヲ》失《フ》㆑明《ヲ》。而《レドモ》大蔵《ノ》文句多《クハ》所《ニシテ》㆓諳誦《スル》㆒、数《しばしば》下《ス》㆓雌黄《ヲ》㆒。又諸《もろもろノ》薬物此《ノ》方《くに》不㆑知《ラ》㆓真偽《ヲ》㆒。勅《シテ》㆑真《ニ》弁《ゼシム》㆑之《ヲ》。真以《テ》㆑鼻《ヲ》別《ツニ》㆑之《ヲ》一《モ》無《シ》㆓錯誤《スルコト》㆒。度《シ》㆑人《ヲ》授《クルコト》㆑戒《ヲ》凡《ソ》四万余人《ナリ》。

（巻第一）

《コラム》家伝と氏文

『日本書紀』は、正史である『漢書』『唐書』などに対する『日本書』、その「紀」（王の年代紀）」という編集意識による書名であると考えられている。「本紀」と並ぶ個人の伝記である「列伝」は公的には編集されなかったが、それに類するものに『藤氏家伝』（二巻）がある。上巻に鎌足伝（大織冠伝）、下巻に鎌足の孫である武智麻呂伝を収め、鎌足の長子である貞慧（定恵）伝を付す。七六〇年頃に武智麻呂の次子藤原仲麻呂（恵美押勝）が編纂した上巻の一節を次に引用する。

嘗群公子咸《みな》集于旻法師之堂読周易焉。大臣、後至。鞍《くら》作《つくり》起立抗礼倶坐。講訖将散《あら》、旻《みん》法師《ほふし》撃目留矣。因語大臣云、「入吾堂者無如宗《そ》我《が》太郎。但公神識奇相実《まこと》勝此人。願深自愛。」

［注］旻…遣隋使に随行した学問僧の一人。●大臣…鎌足を指す。●鞍作…当時、権勢を恣にしていた蘇我入鹿。

このような列伝に近いものに、氏の由来や職務、朝廷での功績などを記した「氏文」がある。先祖からの系譜を記録することはすでに五世紀には行われており、稲荷山古墳鉄剣銘（四七一年）に記された乎獲居臣の例がそれである。このような「族譜」としての氏文に『住吉大社神代記』『古語拾遺』『新撰亀相記』『高橋氏文』などが知られている。いずれも、『古事記』『日本書紀』には見えない記事が含まれており、日本古代史を考える上で貴重である。次は『古語拾遺』（斎部広成撰。八〇七年）の冒頭部分である。

蓋聞「上古之世未有文字。貴賤・老少口《くち》口《ぐち》相伝、前言・往行存而不忘。」書契以《この》来《かた》不好談古《いにしへ》。

第10講　説話を読む

説話とは　説話集は、巷に伝承された逸話を収録したものである。古く平安時代初期の九世紀に薬師寺の僧景戒により『日本霊異記』が編まれ、これが我が国最古の説話集であるが、その内容は仏教説話であって因果応報を説く。この流れを承けて、十世紀後半には『三宝絵』が記され、院政期から鎌倉時代にかけて説話集の編纂が隆盛を見るようになる。十二世紀初めに編纂された『今昔物語集』は全三一巻（内、八・十八・二一巻の三巻欠、現存二八巻）の大規模なもので、舞台も天竺（インド）・震旦（中国）・本朝（日本）の三国に跨り、内容上も仏教説話にとどまらず、世俗説話も後半に配して説話の集大成となっている。鎌倉時代の十三世紀初めには『宇治拾遺物語』も編まれ、「瘤取りじいさん」や「舌切り雀」「わらしべ長者」など昔話の原型を伝えていて親しみやすい作品として知られている。

これらは、高校の古文の教科書などでは、読みやすくするために現代の平仮名交じり文に改められているが、原文は、漢文の作品もあれば、片仮名交じり文のものもあって多様である。

（1）漢文

『日本霊異記』、前田本『三宝絵』、『注好選』、『江談抄』（部分的に片仮名が交じる）など

『日本霊異記』

撰者　景戒（薬師寺僧）。

内容　正式名称『日本国現報善悪霊異記』。我が国最古の仏教説話集。上中下の三巻からなり、仏教に関する因果応報譚、霊験譚など、一一二の説話を収める。『三宝絵』や『今昔物語集』などの後世の説話集に影響を与えた。

成立　平安時代初期、弘仁一三（八二二）年とする説が有力。

諸本　平安中期の興福寺本（上巻のみ、国宝）、来迎院本（中下巻、国宝）、真福寺本（大須観音宝生院蔵、中下巻、重要文化財）、前田家本（下巻、重要文化財）、金剛三昧院本（高野山本、上中下巻）などがある。

『注好選』

撰者　未詳。

内容　貴族、寺家の子弟教育のために編集されたと推定される説話集。三巻。上巻は、宇宙創造、三皇五帝、勧学、孝養、史話などの中国説話を中心に収録し、中巻は、インドを舞台にした、仏菩薩、仏弟子の行状や仏法に関する仏教説話を収める。下巻は、

（2）平仮名交じり文

『宇治拾遺物語』、『古本説話集』、『古今著聞集』、『閑居友』、『唐物語』など

（3）片仮名交じり文

『今昔物語集』、『宝物集』、『打聞集』、『発心集』、『沙石集』など

たとえば、『今昔物語集』は、

・然 許 彼レガ力ノ強ク足ノ早カラムニハ、何 態ヲ可 為キゾト、（巻第二九）

のようであり、漢字に、小書きされた片仮名を交える「片仮名宣命体」と呼ばれる表記様式を採っている。

なかには、『三宝絵』のように、伝本によって表記を異にする場合もある。『三宝絵』は、源為憲が永観二（九八四）年に落飾した尊子内親王のために編纂した仏教説話集であるが、①平仮名本（関戸本・東大寺切）、②片仮名本（観智院本）、③漢字本（前田本）の三種のテキストが伝わっていて、同じ箇所でも、

①とをきもちかきもおどろきあやしまずといふことなし

②（対応箇所なし）ヲドロキタウトガルコトカギリナシ

③遠近聞者　莫不驚怪

（中巻第五話「衣縫伴造義通」より）

のように異なっている。

ここでは、右のうち（1）の、平安時代の代表的な漢文体説話集である、『日本霊異記』、『注好選』、『江談抄』の説話の中から、それぞれ一、二話ずつ取り上げ、読み解いてみたい。

動物に因んだ故事因縁を集めており、三巻を通じて、仏典・漢籍の、仏菩薩、世俗、禽獣に至るまで、広く生類の営みを語る内容になっている。

成立　『今昔物語集』の出典文献の一つと目されており、十二世紀初め以前に成立したと推定されている。

諸本　現存最古の写本は、東寺観智院本で、仁平二（一一五二）年以前の書写。ただし、取り合わせ本で、上・下巻は原形を伝えるが、中巻は、本来の中巻前半部に下巻の一部を接いだ抄本である。他に、東寺本の転写本である宮内庁書陵部本、元久二（一二〇五）年書写の金剛寺本がある。

『江談抄』

撰者　藤原実兼。

内容　院政期を代表する漢学者大江匡房（一〇四一～一一一一）の言談を、藤原実兼が筆録したもので、公卿の有職故実の口伝を収録したもの。公事・摂関家、神仏、詩事などに関する言説を収めるが、特に文学・学問についての内容が豊富である。

成立　長治嘉承（一一〇四～一一〇八）年間の成立か。

諸本　古本系と類聚系の諸本がある。課題の本文は、類聚本の一で三条西旧蔵本。新日本古典文学大系に拠った。

課題10・1

至誠心奉写法華経有験示異事縁

（『日本霊異記』中巻第六縁）

※ base text: 至誠心奉写法華経有験《しるし》示異事縁

聖武天皇御代、山《やま》背《しろ》国相《さが》楽《らか》郡、有発願人。姓名未詳也。為報四恩、奉写法華経、為納大乗、遣使四方、求白檀紫檀。乃得諾《な》楽《ら》京、以銭百貫而買、喚工巧《たくみ》人、規《はか》令造函、以奉納経、経長函短、納経不得。檀《だん》越《をち》大悔、又訪《と》無由故、発誓願、依経作法、屈請衆僧、限三七日悔《けく》過《わ》、哭曰、「亦令得木。」歴二七日、請経試納、函自《おのづか》少延、垂《ほとん》不得納。檀越増《ますます》加精進悔過、歴三七日、乃得納。於是奇異《あやし》思、「若経短《みじかくな》矣、若延函矣。」即請《こ》本経、与新経以均量《くらべ》之、猶侔《ひとし》不失《あやま》。誠知、示於大乗不思議力、試於願主至深信心。更不可疑也。

課題10・1『日本霊異記』

山背国相楽郡　今の京都府相楽郡。

四恩　（人間がたえず受けている）四つの恩。父母・国王・衆生・三宝（仏・法・僧）の四つ。

大乗　大乗経典。ここでは、法華経のこと。

白檀紫檀　インド産の香木。仏像や経函の材木。

工巧　指物師。

檀越　仏教の信者。

訪無由故　探し出すあてもないので。

依経作法　経典に説かれたように供養する。

三七日　二十一日。

悔過　仏を礼拝し、自己の罪を懺悔すること。

垂　もう少しのところで。

請本経　もとの法華経を（写経生から）受けて。

課題10・2

漂㆓流《シテ》大海《ニ》㆒敬㆓称《ヒテとなヘテ》釈迦仏《ノ》名《ヲ》㆒得《ル》㆑全《ウスルコトヲ》㆑命《ヲ》縁第廿五

（『日本霊異記』下巻第二十五縁）

長男紀《きノ》臣馬養者、紀伊《ノ》国安《あ》諦《てノ》郡吉備《ノ》郷《ノ》人也。小男中臣《ノ》連《むらじ》祖父《おほぢ》麿者、同《ジキ》国海《あ》部《まノ》郡浜中《ノ》郷《ノ》人也。紀万侶朝臣、居㆓住《シ》於同《ジキ》国日高《ノ》郡之潮《みなとニ》㆒、結《ビテ》㆑網《ヲ》捕《とル》㆑魚《ヲ》。馬養《ト》祖父麿《ト》、二人傭賃《ちからつくのヒテ》、而受《ケ》㆓年《ノ》価《ヲ》㆒、従《ヒテ》㆓万侶朝臣《ニ》㆒、昼夜《ヲ》不㆑論《ゼ》、共《ニ》所《れテ》㆓駆《はセ》使《つかハ》㆒、引《キテ》㆑網《ヲ》捕《ル》㆑魚《ヲ》。白壁天皇《ノ》世、宝亀六年乙卯《きのとうノ》夏六月十六日、天下《ニ》吹《キ》㆓強風㆒、降《ル》㆓暴雨㆒。潮《ニ》張《たたへテ》㆓大水《ヲ》㆒、流㆓出《ス》雑木㆒。万侶朝臣、遣《やリテ》㆓於駆《セ》使《つかひニ》㆒、取《ラシム》㆓於流木《ヲ》㆒、長男《ト》小男《ト》二人、取《リテ》㆑木《ヲ》編《ミ》㆑桴《いかだヲ》、乗《リ》㆓於同《ジキ》桴《ニ》㆒、拒《ミ》逆《むかヒテ》而往《ゆク》。水甚《ハダ》荒《ク》急《はげシ》。絶《エ》㆑縄解《ケテ》㆑桄、過《ギ》㆑潮《ヲ》入《ル》㆑海《ニ》。二人各得《テ》㆓一木《ヲ》㆒、以《ツテ》乗《リテ》㆓漂流《ス》於海《ニ》㆒。二人無㆑知《クシテルコト》、唯称㆓誦《シ》南無無量災難令解脱釈迦牟尼仏《ト》㆒、哭《キ》叫《ビテ》不㆑息《やマ》。其《ノ》小男者、逕《ヘテ》㆓之五日《ヲ》㆒、其《ノ》日《ノ》夕《ノ》時《ニ》、淡《あは》

課題10・2『日本霊異記』

長男　成人男子。

吉備郷　今の和歌山県有田郡吉備町あたり。

小男　「戸令」に拠れば、四歳以上十六歳以下の男をさす。

浜中郷　今の和歌山県海草郡下津町あたり。

潮　今の和歌山県日高郡、御坊市あたり。

白壁天皇　光仁天皇。天智天皇の子。

宝亀六年　七七五年。

拒逆而往　流れに逆らって筏を進める。

過潮入海　激流のために出発した潮まで押し戻され、さらに海まで流された。

南無無量災難令解脱釈迦牟尼仏　無量の災難から解脱させてくれるお釈迦様に、南無いたします。

路《ぢノ》国図《つなノ》南郡田野浦《ノ》、焼《ク》塩之人《ノ》住処《ムニ》、僅《ニ》依《リ》泊《はッ》也。長男馬養《ハ》、後《ニ》六日《ノ》寅卯《ノ》時《ニ》、同処《ジキニ》依《リ》泊《ッ》也。当土《そノところノ》人等、見《テ》之《ヲ》問《ヒ》来由《ヲ》、知《リテ》状《かたちヲ》愍《ビテ》養《ヒ》、申《ス》当《ノ》国司《ニ》。国司聞《キ》見《テ》之《ヲ》、悲《ミ》賑《めぐミテ》給《フ》糧《ヲ》。小男嘆《キテ》曰《ハク》、「従《ヒテ》殺《ス》生《いきものヲ》人《ニ》、受《クルコト》苦《ヲ》無《シ》量。我亦《タ》還《リ》到《ラバ》、彼又駆《セ》使《ヒテ》、猶聿《つひニ》不《ト》止《メ》殺《ス》生《ヲ》之業《なりはひヲ》。」留《マリ》淡路《ノ》国《ノ》国分寺《ニ》、従《フ》其《ノ》寺《ノ》僧《ニ》。長男《ハ》逕《テ》之二月《ヲ》、帰《リ》来《ル》本《ノ》土《ニ》。妻子見《テ》之《ヲ》、面《かほト》目《ト》瀏《つづらかになリテ》青、驚《キ》怪《ビテ》之言《ハク》、「入《リテ》海《ニ》溺《レ》死《ニ》、逕《テ》七々日《ヲ》、而為《シ》斎食《ヲ》、報《ユルコトヲ》恩既《ニ》畢《をはル》。不《ずヨリ》思《ハ》之外《ニ》、何《スレゾ》活《キテ》還《リ》来《ル》。若《シハ》是《レ》夢矣《か》、若《シハ》是《レ》魂矣《かト》。」馬養向《ヒテ》妻子《ニ》、具《つぶさニ》陳《ブ》先《ノ》事《ヲ》。於《イテ》是《ニ》妻子聞《キテ》之《ヲ》、相悲《ミ》相喜《ブ》。馬養発《おこシ》心《ヲ》厭《いとヒ》世《ヲ》、入《リ》山《ニ》修《ス》法《ヲ》。見聞《ク》之《ヲ》者、無《シ》不《トイフコト》奇異《ナラ》也。海中《ニ》雖《モ》多《シト》難、而全《ウシテ》命《ヲ》存《たもツ》身《ヲ》。寔《まことニ》釈迦如来之威徳、海中《ニ》漂《フ》人之深信矣《なり》。現報猶《ホ》如《シ》是《ノ》。況《ヤ》後生《ノ》報《ヲヤ》也。

田野浦　未詳。今の兵庫県津名郡、洲本市あたりか。
後六日　六日後。
寅卯時　午前五時頃。
国分寺　今の兵庫県三原郡八木笶原国分にあった。
瀏青　目を見張るさま。
斎食　とき。仏教で午前中にとる食事。戒律で午後は食事をしないことに定められている。
報恩　追善の供養。
魂　死者の霊魂が帰還したと考えた。
後生報　来世でのむくい。

課題10・3　曹娥《そうが》混《ひたス》レ衣ヲ

（『注好選』上巻第六十一）

此ノ人ハ会稽ノ人也。其ノ父ハ好ム二絃歌ヲ一。於時ニ所ノレ引ク以テ二琴笛ヲ一、乗リテレ艇《はしぶね》ニ遊ブ二浪浪ニ一。艇覆リテ没ス二江ノ中ニ一。曹娥年十四。泣クコト七日七夜不レ息《や》マ。至リテ二第七日ニ一脱ギテレ衣ヲ呪ヒテ曰ハク、「若シ可クハレ値フ二父之死屍《しにかばね》ニ一者、我ガ衣可シトレ没ス二江ノ中ニ一。」其ノ時ニ彼ノ衣随ヒテ沈ミ入リヌ。

曹娥其ノ身ヲ投グ二衣ノ所ニレ沈ム。女人ハ悲シミテレ父ヲ不ルレ惜マ二身命ヲ一也《なり》。

課題10・4　上東門院ノ御帳ノ内ニ犬出デ来ル事

（『江談抄』第二・9）

上東門院、為タリシ二一条院ノ女御一之時、帳ノ中ニ犬ノ子不

〔課題10・3参考〕『今昔物語集巻』第九　会稽洲曹娥、恋父入江死自亦身投江語第七

今ハ昔、震旦ノ会稽洲ニ曹娥ト云フ女人有ケリ。其ノ父、管絃ヲ好テ其ノ事ヲ翫ブヲ以テ常ノ事トス。常ニ友ニ被引レテ家ヲ出デ、遊戯ス。

而ル間、曹娥ガ父、管絃ノ女人等ニ被引レテ江ニ行テ船ニ乗テ水ニ浮テ遊ブ間、俄ニ船漂テ江ニ入ヌ。然レバ、曹娥ガ父、并ニ船ノ内ノ人皆、江ニ入テ死ヌ。浮ビ出ル骸无シ。

其ノ時ニ、曹娥ガ年、十四歳也。此ノ事ヲ聞テ、江ニ臨テ父ヲ恋泣悲ム事七日七夜、音ヲ挙テ叫ブ。其ノ音不絶ズ。然而モ、其ノ骸ヲモ見ル事ヲ不得ズ。遂ニ曹娥、七日ニ至テ自ラ衣ヲ脱テ誓テ云ク、「我レ、若シ、父ノ死骸ヲ可見クハ、当ニ此ノ衣ヲ此ノ江ニ投入レム二可沈シ。不然ズハ不可沈ズ」ト云テ、江ニ衣ヲ投入レツ。即チ、其ノ衣沈ミヌ。其レヲ見テ、曹娥亦、自ラ身ヲ江ノ中ニ投ゲツ。

然レバ、子有テ父母ノ死セルヲ恋悲ム事、常ノ事也トモ云ヘド、命ヲ弃ツル事ハ難有シ。

然レバ、此レヲ見聞ク人、且ハ曹娥ヲ哀ビ、且ハ此レ、奇異ノ事也ト思フ。亦、其ノ県ノ令、此ノ事ヲ聞テ奇異也ト思テ、曹娥ガ為ニ、其ノ所ニ碑文ヲ立テテ、永ク其ノ孝ノ深キ事ヲ示シケリトナム語リ伝ヘタルトヤ。

課題10・3『注好選』

会稽　後漢時代の郡名（今の浙江省紹興県）。

慮ノ之外ニ入リテアリ。見付ケテ大ニ奇シミ恐レテハ被レ申サ二入道殿道長一ニ。入道殿召シテ二匡衡《まさひら》ヲ一密々ニ令メレ語ラ二此ノ事ヲ一給フ二、匡衡申シテ云ハク、「極御《ジキ》慶賀也。」ト申ス二、入道殿「何故ゾ哉《や》。」ト被ルルニレ仰セ、匡衡申シテ云ハク、「皇子可キ下令メ二出デ来ラ一給フ上之徴《しるし》也。犬ノ字ハ是レ点ヲ大ノ字ノ下ニ付クレバ太ノ字也、上ニ付クレハ天ノ字也。以テレ之ヲ謂《おもフ》ニレ之ヲ、皇子可シ二出デ来リ給フ一。サテ立チ二太子ニ一、必ズ至リ二天子ニ一給ハン歟ト。」入道殿大イニ令メレ感ゼ給フ之間、有リ二御懐妊一。令ムレ奉ラレ産ミ二後朱雀院天皇ヲ一也。此ノ事秘事也。退席ノ之後匡衡私ニ令メテレ堪《かんがへ》二件ノ字ヲ一令ムルレ伝ヘレ家ニ也ト云々。

課題10・5

閉ヂテレ閣《かく》ヲ唯聞ク朝暮ノ鼓　登リテレ楼《ろう》ニ遥ニ望ム往来ノ船

行二幸ス河陽館ニ一　弘仁御製

（『江談抄』第四・5）

故賢相伝ヘテ云ハク、「白氏文集ノ一本ノ詩、渡来シテ在リ二御所ニ一。尤モ被レ二秘蔵セ一、人敢ヘテ無シレ見ルコト。此ノ句ハ在リ二彼ノ集ニ一。叡覧ノ之後、

艇　本船に対する端船の意で、小舟。
曹娥　伝未詳。

課題10・4　**『江談抄』**
上東門院　藤原彰子。道長の娘。長保元（九九九）年十一月女御として入内、翌二年には中宮となる。
不慮之外　思いがけなく。
後朱雀院天皇　寛弘六（一〇〇九）年十一月二五日誕生。幼名は犬宮。

課題10・5　**『江談抄』**
閉閣唯聞朝暮鼓…　『白氏文集』巻第十八「春江」の第二聯。たかどのを閉ざしてただ朝夕の時刻を告げる太鼓の音を聞き、楼に登って行き来する舟を遙かに眺める。
河陽館　淀川の北、山城国乙訓郡山崎にあった離宮。
弘仁　嵯峨天皇。
観　たかどの。河陽館をさす。

即《チ》行幸《セラレ》此《ノ》観《ニ》、有《ル》此《ノ》御製也。召《シテ》小野《ノ》篁《ヲ》令《ム》見。即《チ》奏《シテ》曰《ハク》、『以《テ》遥《ヲ》為《バ》空《ト》弥《ヨ》可《シ》美《よカル》』者《てへり》。天皇大《イニ》驚《キテ》勅《シテ》曰《ハク》、「此《ノ》句《ハ》楽天《ノ》句也。試《ミタル》汝《ヲ》也。本《ハ》空《ノ》字也。今汝《ノ》詩情《ハ》与楽天同《ジキ》也』者《てへり》。文場《ノ》故事、尤《モ》在《リ》此《ノ》事《ニ》。仍《テ》書《しるスト》之《ヲ》。」

小野篁 おののたかむら。延暦二一（八〇二）年～仁寿二（八五三）年。平安初期の官僚、学者、歌人。才人として種々の逸話が残っている。

文場故事… 文学の故事としてこれが一番の逸話である。

練習問題10

次の文章を訓み下し文にして、口語訳をしなさい。

①昔、孔子駕《がシテ》車《ニ》行《ク》其《ノ》道《ヲ》。有《リ》三人《ノ》七才《ナル》童。作《リテ》土《ノ》城《ヲ》遊戯《ス》。時《ニ》孔子来《リテ》告《ゲテ》云《ハク》小児《ニ》、「小児、汝等、逃《さケテ》道《ヲ》過《グセト》吾《ガ》車《ヲ》。」小児等嘆《キテ》曰《ハク》、「未《ダ》聞《カ》逃《クル》車《ヲ》城《ヲバ》。聆《きクト》逃《クル》城《ヲ》之車《ヲバ》。」仍《リテ》孔子、却《さケテ》車《ヲ》従《リ》城外過《グル》也。敢《ヘテ》不横《よこさまニセ》理《ヲ》。

（『注好選』上巻・孔子却車第八十五）

②霊亀二年為《なリ》遣唐使《ト》、仲麿渡唐《ノ》之後不帰朝《セ》。於《テ》漢家《ノ》楼上《ニ》餓死《ス》。吉備《ノ》大臣之後《ニ》渡唐《ノ》之時、見《あらはレテ》鬼《ノ》形《ニ》、与吉備《ノ》大臣言談《シテ》相教《フ》唐土《ノ》事《ヲ》。仲麿《ハ》不《ル》帰朝《セ》人也。読《ムコトニ》歌《ヲ》雖《モ》不《ト》可《カラ》有《ル》禁忌、尚不快《ナル》歟、如何《ト》。

（『江談抄』第三・3安倍仲麿読歌事）

第11講　古記録を読む

古記録とは　和化漢文のうち、日記や古文書の類は、実用本位の記録文献であって、これを「古記録」と称し、日本史学の分野では根本資料として重視されてきた。そして、その文体を「記録体」と呼んでいる。鎌倉幕府の記録である『吾妻鏡』がこの文章様式としては代表的な作品であるため、「吾妻鏡体」とも称されることもある。その外延は「実用的である」という認め方ゆえ、「実用的ではない」文章との線引きは難しいが、おおよそ次のようなジャンルの文章を古記録と言い習わしている。

まず、古文書の中の私文書、『御堂関白記』のような日次記（公家日記、学僧の日記）、『和泉往来』などの往来物と呼ばれる書簡集がこれに該当し、この他、『西宮記』といった有識故実書や、鎌倉幕府の記録『吾妻鏡』や『御成敗式目』のような法制書もこれに属する。その他、断片的なものであるが、歌集・歌合の詞書・左注・判詞や典籍の識語、注記なども「実用性」の高いものとしてここに含められることがある。

記録体の特徴は、ほぼ和化漢文のそれと同じであるが、近年の研究成果を踏まえると、次のような特徴も指摘されている。

① 唐名や異名を使用する。官職を中国風に表現したり、雅語的な異名が用いられる。

古記録の沿革　公家の日次記は古記録の中心的な位置を占め、平安時代以降数多くの文献が伝存している。平安時代の日記には『貞信公記』（藤原忠平、延喜七年～天暦二年）・『九暦』（藤原師輔、延長八年～天徳四年）・『小右記』（小野宮実資、天元元年～長元五年）・『権記』（藤原行成、正暦二年～寛弘八年）・『御堂関白記』（藤原道長、長徳四年～治安元年）・『左経記』（源経頼、長和五年～長元八年）・『春記』（藤原資房、万寿三年～天喜二年中欠）・『水左記』（源俊房、康平五年～嘉承三年）『帥記』（源経信、治暦元年～寛治二年）・『後二条師通記』（藤原師通、永保三年～康和元年）・『長秋記』（源師時、長治二年～保延二年）・『兵範記』（平信範、長承元年～承安元年）・『永昌記』（藤原為隆、長治二年～大治四年）といった公家日記が知られ、これらは大日本古記録・史料大成などに収録され、記録体研究に活用されてきた。その他、学僧の日記として、勧修寺法務寛信の『後七日御修法日記』もあり、仏事に用いる調度の数え方などがわかり、貴重である。

以降、十二世紀の文献では、『中右記』（藤

（例）唐名…関白を「博陸」、近衛を「羽林」、大納言を「亜相」と記す類。
　　異名…京都を「洛陽」、駿馬を「龍蹄」、酒を「竹葉」と記す類。

②中国俗語文の語彙・語法の影響が見られる。

従来は中国古典文に認めがたいとして和化漢文特有の語法とされた、「甚以（副詞＋以）」や形式名詞「間」、文末の「了」、接頭辞「相」などは、七世紀以降の中国俗語文にも認められることがわかっている。

古記録のうち、特に文書は、奈良時代から近世近代に至るまで脈々と記録体で書き続けられるが、その最後の到達点がいわゆる「候文」であるという。それは極度に簡略化・定型化された表現を特色とし、具体的には、

①簡略化した倒置記法（助動詞・補助動詞相当字など）

・先月中旬より大病相煩、養生不二相叶一、当月三日病死仕候。（「村名主病死届書」）
先月ノ中旬ヨリ大病相ヒ煩ヒ、養生相ヒ叶ハズ、当月三日病死仕マツリ候フ。

・小者一人つゝニてありき可レ被レ申候事。（「代官富田伊豆守条目」）
小者一人ヅツニテアリキ申サルベク候フ事。

②助詞の表示法

・何之年何之月ニ銀子何貫目其方ヘ預ケ置候処、（『萬案紙手形鑑』）
何ノ年何ノ月ニ銀子何貫目其の方へ預ケ置キ候フ処、

③「候」字の句末字としての用法

・御慶賀事、猶不レ可レ尽レ申候。（「平忠盛書状」）

原宗忠、応徳三年〜保延四年）・『長秋記』（源師時、寛治元年〜保延二年）・『殿暦』（藤原忠実、承徳二年〜元永元年）・『永昌記』（藤原為隆、康和元年〜大治四年）・『兵範記』（平信範、長承元年〜元暦元年）・『台記』（藤原頼長、保延二年〜久寿二年）・『山槐記』（藤原忠親、久安六年〜建久五年）・『玉葉』（九条兼実、長寛二年〜建仁三年）・『吉記』（吉田経房、仁安元年〜建久二年）があり、十三世紀に入っては、『明月記』（藤原定家、治承四年〜嘉禎元年）・『平戸記』（平経高、建久七年〜寛元四年）・『玉蘂』（九条道家、承元三年〜暦仁元年）・『民経記』（嘉禄二年〜文永七年）・『後深草天皇宸記』（後深草天皇、建長三年〜嘉元元年）・『勘仲記』（勘解由小路兼仲、文永四年〜正安二年）などがある。また、十四世紀には、『園太暦』（洞院公賢、延慶二年〜延文五年）・『花園天皇宸記』（花園天皇、延慶三年〜元弘二年）・『空華日用工夫略記』（義堂周信、正中二年〜嘉慶二年）・『匡遠記』（小槻匡遠、建武二年〜文和元年）・『後愚昧記』（三条公忠、康安元年〜永徳三年）などが著名で、十五世紀の日記には、『康富記』（中原康富、応永八年〜康正元年）・『建内記』（万里小路時房、応永二十一年〜康正元年）・『看聞御記』（後崇光院、応永二十三年〜文安五年）・『蔭涼軒日録』（季瓊真蘂・亀泉集証、

御慶賀ノ事、猶ホ申シ尽クスベカラズ候フ。

④ 擬似的な漢文的表現・表記

・当御上納皆済仕候得者、来春夫食手当一向無二御座一。（「夫食拝借借請書」）

当ニ御上納ハ皆済マセ仕マツリ候ヘバ、来春夫食ノ手当一向ニ御座無シ。

（「候ハバ」に対して「候へバ」を「候得者」と表記する）

といった表記規則があると説かれる（矢田勉『国語文字・表記史の研究』二〇一二年、汲古書院）。

このように、日本語文章史のなかにあって、記録体は仮名文成立以降も、公私の双方にわたって重要な位置にあり続けたのである。

課題11・1　『御堂関白記』

十六日、甲申《きのえさる》。月蝕正現《ス》。巳《ノ》時許《ニ》慶命僧都来《リテ》云《ハク》、「山《ニ》侍《ル》間、此《ノ》暁《ニ》馬《ノ》頭出家《ス》。来《リ》二給《ヒテ》無動寺《ニ》一坐《おはス》。為《せむ》二之《ヲ》如何《一》。」者《てへり》。命《ジテ》云《ハク》、「有《リテ》二本意一所レ為《なス》にこそあらめ。今《ハ》無《シ》二云《フモ》益一。早《ク》返《リ》上《リテ》、可《キ》レ然《ル》事等おきて、可《キ》二置《キ》給《フ》一者也《ト》。」左衛門督など登《ル》レ山《ニ》。人々多《ク》来《リ》問《フ》。渡《ルニ》二近衛《ノ》御門《ニ》一、母・

永享七年～明応二年）・『臥雲日軒録』（瑞渓周鳳、文安三年～文明五年）・『北野社家日記』（祠官松梅院、宝徳元年～寛永四年）・『大乗院寺社雑事記』（尋尊、宝徳二年～永正五年）・『実隆公記』（三条西実隆、文明六年～天文五年）と大部の著述が見られ、さらに、十六世紀の記録としては、『御湯殿上日記』（内裏の女房、文明九年～安政三年）・『多聞院日記』（宗芸・英俊・宗栄ら、文明十年～元和四年）・『宣胤卿記』（中御門宣胤、文明十二年～大永二年）・『言継卿記』（山科言継、大永七年～天正四年）・『私心記』（実従、天文元年～永禄四年）・『上井覚兼日記』（上井覚兼、天正二年～天正十四年）などがあって、いずれも歴史方面では欠くことのできない基本史料である。

また、平安時代の往来物には、『雲州往来』、『和泉往来』、『高山寺本古往来』、『東山往来』、『菅丞相往来』、『釈氏往来』があり、以降、「往来体」などとも称されるこの種の文献も書き続けられ、室町時代の『庭訓往来』へと連なる。

課題11・1　『御堂関白記』

『御堂関白記』は、摂政太政大臣・藤原道長の日記で、長徳四年～治安元年。自筆本が近衛家の陽明文庫に所蔵され、国宝に指定さ

乳母不覚ナリ。付ケレ見ルニ心神不覚也。（長和元年正月十六日）

十七日、乙酉《きのととり》。時料ニ少シ物ヲ送ルレ山ニ。雖モ下有ル二自ラモ本意一事ト上、未ダレ遂ゲ。於イテハ二思ヒ難ズルニ一依リレ可キニレ為タル二罪業一、無シレ所レ思フ。然レドモ非ズ二寝食例ニ一。早朝渡ル二近衛ノ御門ニ一。（長和元年正月十七日）

五日、壬寅《みずのえとら》。登リレ山ニ会ス二新発ニ一。無動寺ノ慶命僧都儲ク二食物ヲ一。非ズトレ可キニレ儲ク昨日相示ス。破子少々ヲ随身ス。而ルニ尚ホ儲クレ之ヲ、入道装束・小物等ヲ志ス。巳ノ時ニ登リ着ス。未ノ時還ル。僧都ニ志ス二金剛子ノ念数ヲ一。従リ二八瀬ノ地一乗リレ馬ニ登ル。従リ二禅師坂一歩行シ還ル。（長和元年四月五日）

［参考］ **歴史物語　顕信の出家**

◆『大鏡』人・道長伝（顕信出家）

いま一人は、馬頭にて顕信とておはしき。御童名、苔君なり。寛弘九年壬子正月十九日、入道したまひて、この十余年は、仏のごとくして行はせたまふ。思ひがけずあはれなる御ことなり。（中略）入道殿は、「益なし。いたう嘆きて聞かれじ。心乱れせられむも、この人のためにいとほし。法師子のなかりつるに、いかがはせむ。幼くてもなさむと思ひしかども、すまひしかばこそ

れている。

月食　当時、日食や月食の際には廃務や読経のことなどがあり、細かに記している。

慶命僧都　天台僧。寛弘七年八月二一日権少僧都。

馬頭　道長の息子、顕信。幼名、苔。このとき十九歳。

無動寺　比叡山東塔無動寺谷にある寺。

左衛門督　頼通。顕信の異母兄にあたる。

近衛御門　顕信の母、明子の家。

時料　当座入用のもの。

山　比叡山。

新発　新たに発心して仏道に入った者。ここでは顕信を指す。

破子　携帯用の食物。

入道　藤原道長。

八瀬　比叡山への登山路。

禅師坂　雲母坂を経由して根本中堂に至る間の坂。

あれ」とて、ただ例の作法の法師の御やうにもてなし聞こえたまひき。

◆『栄花物語』巻第十ひかげのかづら（道長男顕信の出家）

かかるほどに、殿の高松殿の二郎君、右馬頭にておはしつる、十七八ばかりにやとぞ、いかにおぼしけるにか、夜中ばかりに、皮の聖のもとにおはして、「われ法師になし給へ。年ごろの本意なり」とのたまひければ、聖、「大殿のいと貴きものにせさせたまふに、かならず勘当はべりなん」と申して聞かざりければ、「いと心ぎたなき聖の心なりけり。殿びんなしとのたまはせんにも、かばかりの身にては苦しうやおぼえん。わろくもありけるかな。ここになさずとも、かばかり思ひたちてとまるべきならず」とのたまはせければ、「ことわりなり」とうち泣きて、なしたてまつりにけり。聖の衣取り着させたまひて、直衣、指貫、さるべき御衣など、みな聖に脱ぎ賜はせて、綿の御衣一つばかりたてまつりて、山に無動寺といふ所に、夜のうちにおはしにけり。皮の聖、あやしき法師一人をぞ添へたてまつりける、それを御供にて登りたまひぬ。（中略）殿の御前泣く泣く有様を問はせたまへば、聖の申ししやう、「のたまはせしさま、かうかう。いとふびんなることを仕まつりて、かしこまり申しはべる」と申せば、「などてかともかくも思はん。聖なさずとも、さばかり思ひたちては止まるべきことならず。いと若き心地に、ここらの中を捨てて、人知れず思ひたちける、あはれなりけることなりや。わが心にも勝りてありけるかな」とて、山へ急ぎ登らせたまふ。高松殿の上は、すべてものもおぼえたまはず。

課題11・2　承久の乱

（『吾妻鏡』）

十九日壬寅《みずのえとら》、午《うまノ》刻、大夫尉《たゆうのじょう》光季《ノ》去《ル》十五日《ノ》飛脚下着《シテ》関東《ニ》申《シテ》云《ハク》、「此《ノ》間、院中《ニ》被《ル》召《シ》聚《あつメ》官軍。仍《リテ》前《ノ》民部少輔親広入道昨日応《ズ》勅喚《ニ》。光季依《リテ》聞《クニ》右幕下《ノ》公経告《ヲ》、申《ス》障《ヲ》之間、有《リト》可《キ》蒙《ル》勅勘《ヲ》之形勢。」云々。（中略）二品《にほん》招《キ》家人等《ヲ》於簾下《ニ》、以《ツテ》秋田城介景盛《ヲ》示《シ》含《メテ》云《ハク》、「皆一《ニシテ》心《ヲ》而可《シ》奉《ル》。是《レ》最期《ノ》詞也。故右大将軍、征罰《シ》朝敵《ヲ》、草創《シテヨリ》関東《ヲ》以降《このかた》、云《ヒ》官位《ト》云《ヒ》俸禄《ト》、其《ノ》恩既《ニ》高《ク》於山岳《ヨリ》、深《シ》於溟渤《めいぼつヨリ》。報謝之志浅《カランや》乎。而《ルニ》今依《リ》逆臣之讒《ざんニ》被《サ》下非義《ノ》綸旨《りんじヲ》。惜《ム》名《ヲ》之族《やからハ》、早《ク》討《チ》取《リ》秀康、胤義等《ヲ》、可《シ》全《ウス》三代将軍《ノ》遺跡《ヲ》。但《シ》欲《スレ》参《ラント》院中《ニ》者《ば》只今可《シ》申《シ》切《ル》。」者《てへり》。群参之士悉《ク》応《ジ》命《ニ》、且《ハ》溺《ひたリ》涙《ニ》申《スコト》返報《ヲ》不委《くはシカラ》、只軽《ンジ》命《ヲ》思《フ》酬《インコトヲ》恩《ニ》。寔《まことニ》是《レ》忠臣見《あらはるといふは》国《ノ》危《キニ》、此《レヲ》謂《いフ》歟《か》。（承久三年五月十九日）

課題11・2　『吾妻鏡』

『吾妻鏡』は、治承四（一一八〇）年四月、源頼政・以仁王の挙兵から文永三（一二六六）年七月、前将軍宗尊親王の帰京に至る鎌倉幕府の事蹟を、幕府自身が編纂した編年体の史書で、武家社会ひいては鎌倉時代を研究する際の最重要史料。記録体のことを「東鑑体」と呼称するほどに、その代表的位置に据えられる。

ここは、北条政子が、後鳥羽上皇の追討宣旨を聞き、鎌倉幕府の御家人たちを集めて、頼朝の恩の重きことを説き、一致団結して後鳥羽院の軍勢を討伐するように演説する場面。承久の乱の始まりである。

関東　鎌倉。
院　後鳥羽院の御所。
右幕下　藤原公経。
二品　北条政子。
故右大将軍　源頼朝。

課題11・3 『御成敗式目』

一　構《ヘ》二虚言《ヲ》一致《ス》二讒《ざん》訴《そヲ》一事

右、和《ラゲ》レ面《ヲ》巧《ミ》レ言《ヲ》掠《メ》レ君《ヲ》損《ズル》レ人《ヲ》之属《たぐひ》、文籍所レ載《スル》、其《ノ》罪甚《ダ》重《シ》。為レ世《ノ》為レ人《ノ》不レ可《カラ》レ不《ル》レ誡《メ》。為レ望《マンガ》二所領《ヲ》一企《テ》二讒訴《ヲ》一者《ば》、以《ツテ》二讒者《ノ》所領《ヲ》一、可《シ》レ充《テ》三給《フ》他人《ニ》一。無《ク》二所帯一者《ば》可《シ》レ処《ス》二遠流《ニ》一。為《ニ》レ塞《ガンガ》二官途《ヲ》一構《ヘ》二讒言《ヲ》一者《ば》、永《ク》不レ可《カラ》レ召《シ》三仕《フ》彼《ノ》讒人《ヲ》一。

（『御成敗式目』二八条）

一　隠《シ》三置《ク》盗賊悪党《ヲ》於所領《ノ》内《ニ》一事

右、件《ノ》輩雖《モ》レ有《リト》二風聞一、依《リテ》レ不《ルニ》二露顕《セ》一不レ能《ハ》二断罪《ニ》一。不レ加《ヘ》二炳《へい》誡《かいヲ》一。而《ルニ》国人等差《シ》申《ス》之処、召《シ》上《グル》之時者、其《ノ》国無為也。在国之時者、其《ノ》国狼藉也《ト》云々。仍《リテ》於《イテ》二縁辺《ノ》之凶賊《ニ》一者《は》、付《キテ》二証跡《ニ》一可《シ》二召《シ》禁《ズ》一。又地頭等至《リテ》レ隠《シ》三置《クニ》賊徒《ヲ》一者《は》、可《キ》レ為《たル》二同罪一也。先《ヅ》就《キテ》二嫌疑之趣《ニ》一召《シ》三置《キ》地

課題11・3　『御成敗式目』

『御成敗式目』は、「貞永式目」ともいい、承久の乱後十一年を経た貞永元（一二三二）年八月十日に執権北条泰時の発意により制定された武家最初の成文法である。現存諸本の中で、書写年代の明確な最古の写本は「康永二（一三四三）年三月於高辻富小路宿所書写之訖」の書写識語を有する、平林治徳氏蔵本であって、書写の同時期と見られる訓点があり、訓みを知る上で貴重である。本文は、五一条と評定衆の起請文に続いて、嘉禎三年以降の九条の追加を記しているが、この追加分には訓点がない。

掠　あざむく。

文籍　書物。特に漢籍を指す。

他人　讒訴された者を除いた第三者。

為塞官途　自分の任官をはかるために他人の任官・昇進を妨げる。

炳誡　明らかな誡め。

国人　現地の武士。

差申　犯人の名前や罪状を明示して訴える。

無為　平穏。

縁辺　辺境地域。

付証跡　徴証事実に照らして。

召禁　主語は幕府。

頭ヲ於鎌倉ニ一、彼ノ国不ル二落居セ一之間ハ、不レ可カラレ給フ二身ノ暇ヲ一矣。次ニ被ルルレ停二止セ守護使ノ入部ヲ一所々ノ事、同ジク悪党等出来ノ之時者、不日可キレ召二渡シス守護所ニ一也。若シ於イテ二拘《こう》惜《じゃく》ニ一者、且ハ令メレ入二部セ守護使ヲ一、且ハ可キレ改二補ス地頭代ヲ一也。若シ又不レ改メ二代官ヲ一者《は》、被レレ没二収セ地頭職ヲ一、可シレ被ルレ入レ二守護使ヲ一。

（『御成敗式目』三二条）

落居　平静な状態を回復する。
身暇　鎌倉よりの帰国。
不日　日をおかず速やかに。
拘惜　身柄の引き渡しを渋る。

練習問題11

次の文章を訓み下し文にして、口語訳をしなさい。

①依リテレ有ルニ二度々ノ仰一、参ル二大内ニ一。夜深ク退出ス。欲スモレ詣デント二東三条ニ一、依リテ二夜行ニ一不レ参ラ。

（『御堂関白記』長和元年正月廿日）

②或ル人ノ云ハク、「於イテ二上宮之砌《みぎり》ニ一別当闍梨公暁討ツ二父敵一之由、被ルト二名謁セ一」云々。

（『吾妻鏡』承久元年正月廿七日実朝暗殺）

③闘殺之基起ルレ自リ二悪口一。其ノ重キ者被レレ処セ二流罪ニ一、其ノ軽キ者可キレ被ル二召シ籠メ一也。

（『御成敗式目』十二条）

第12講　近世日本漢文を読む

江戸時代は漢文学の全盛期である。その漢詩・漢文の担い手は主として儒学者であるので、以下、江戸時代の儒学の流れに即する形で四期に分けて漢文学について概観していく。

第一期・江戸初期　江戸幕府はその体制を支える思想として儒学、特に南宋の朱熹によって確立された朱子学を利用・奨励した。朱子学の日本における実質的な祖は藤原惺窩で、その門から林羅山・松永尺五・那波活所などが出た。特に林羅山（道春）は幕府の儒官として政治的にも活躍した。林羅山の訓読法を「道春点」と称し、江戸時代の訓読における代表的存在であり、また範とされている（第14講参照）。

また、この期には、陽明学を主唱した中江藤樹らもいるが、ただし、この時期の儒者は経学を講ずることが主であり、詩文は従であった。

＊この期に活躍した詩人・文人

藤原惺窩・林羅山・松永尺五・那波活所・木下順庵・伊藤仁斎・林鵞峰・林梅洞・堀杏庵・安東省庵・貝原益軒・中江藤樹・熊沢蕃山・山崎闇斎

第二期・五代将軍綱吉以降　綱吉は学問を愛し、孔子廟を湯島の聖堂に移し、林鳳岡を大学頭に任じたりしたが、この頃から、朱子学・陽明学などの宋代の注釈によらず、漢代・唐代など古代の注釈を用いて経書を直接研究するこ

近世漢文学の時代区分

第一期　慶長八（一六〇三）年家康が将軍になってから延宝七（一六七九）年四代家綱の末年まで。

第二期　延宝八（一六八〇）年五代綱吉から宝暦九（一七五九）年九代家重の末年まで。

第三期　宝暦十（一七六〇）年十代家治から天保七（一八三六）年十一代家斉まで。

第四期　天保八（一八三七）年十二代家慶から慶応三（一八六七）年十五代慶喜の将軍辞任まで。

とにより、儒教本来の教えを明らかにしようとする古学派がおこった。古学派の代表的な学者は、山鹿素行、伊藤仁斎、荻生徂徠などであるが、特に荻生徂徠の一派は蘐園学派または古文辞学派と呼ばれ、服部南郭などの文人を生み出した。

漢詩では『唐詩選』が好まれ、服部南郭による和刻本の刊行によって広まった。またその南郭の『唐詩選』の講釈が『唐詩選国字解』（寛政三（一七九一）年刊）としてまとめられたことも『唐詩選』の流行に影響を与えたが、口述ということで次のような文体となっている。

　コレハ、惣体、人ト云フモノハ、手前ガ富貴ニナレバ、貧ナ者ヲバツイ捨ツルモノヂヤ。ソレヲ憤ツテ作ツタ詩ヂヤ。（後略）

（杜甫「貧交行」の注釈）

＊この期に活躍した詩人・文人

新井白石・室鳩巣・祇園南海・雨森芳洲・南部南山（以上、木門）

荻生徂徠・太宰春台・服部南郭・高野蘭亭・山県周南（以上、蘐園派）

伊藤東涯・瀬尾用拙斎（以上、古義学派）

貝原益軒・鳥山芝軒・入江若水・宇野明霞・秋山玉山

第三期・十代将軍家治以降　この期には、学流にこだわらず諸学派の論を合理的に折衷することで儒学の本筋を求める、折衷学派なる一派が台頭する。またその後、考証学派なるものも発生し、文化・文政の頃からの流行ともなった。このような他学派の興隆とも相まって、朱子学は勢いを失っていたが、

唐詩選　中国の唐詩の選集。七巻からなる。明の李攀竜（于鱗）の編とされているが、偽書という説もある。

　李攀竜は古文辞を重んじたため、李白・杜甫など、盛唐期の詩に重きを置き、計一二八人の四六五編の唐詩を詩体別に収めている。日本には、江戸時代の初めに伝わり、荻生徂徠らに影響を与えた。

貧交行　杜甫

翻セバレ手ヲ作リレ雲ト覆セバレ手ヲ雨

紛紛タル軽薄何ゾ須《もち》ヒンレ数フルコトヲ

君不ヤレ見管鮑貧時ノ交リ

此ノ道今人《こんじん》棄テテ如シレ土ノ

＊管鮑の交わり…中国春秋時代の管仲と鮑叔牙がともに商売をしたときに、貧しかった管仲は自分の分け前を余計に取ったこともあったが、鮑叔牙はそれを知っても一言も責めなかった。それどころか、二人の友情は深まるばかりで、鮑叔牙は斉の宰相に管仲を推薦し

寛政二（一七九〇）年、松平定信による寛政の改革の一端として寛政異学の禁が発せられ、朱子学が官学となり、昌平黌においても朱子学以外を教えることが禁じられた。この時に活躍したのが、柴野栗山・尾藤二洲・古賀精里（最初は岡田寒泉）のいわゆる「寛政の三博士」である。

文学面においては、この寛政以降、文化・文政に至ると、詩人を以て任じる者も登場するようになり、また、漢詩を作ったり読んだりすることを目的とした漢詩人の集まりである「吟社」または「詩社」なども作られるようになった。詩人を自任した者として、市河寛斎・菊池五山・菅茶山・頼山陽などがあり、吟社・詩社としては、市河寛斎の江湖社、山本北山の竹堤吟社などが有名である。この山本北山は折衷学派、特に反古文辞の中心でもあり、詩においても平易な字句を用いて清新な意をよむべきであると主張し、古文辞学派の好んだ唐詩よりは宋詩を尊んだ。山本北山には、『作詩志彀』また『作文志彀』などの著書がある。また、作詩にも優れた頼山陽は、史論でも名高く、『日本外史』は明治以降でもよく読まれている。

＊この期に活躍した詩人・文人

三浦梅園・中井竹山・江村北海・片山北海・皆川淇園・山本北山・柏木如亭・市河寛斎・亀田鵬斎・菅茶山・冢田大峰・頼山陽・大窪詩仏・柴野栗山・尾藤二洲・古賀精里・朝川善庵・篠崎小竹・菊池五山・広瀬淡窓

第四期・幕末まで　寛政異学の禁により朱子学の勢いは一時盛り返したが、

たり、管仲は「我を生みし者は父母、我を知る者は鮑叔なり」と語り、二人の友情は生涯変わることなく続いたという『史記』管晏列伝などの故事から、非常に仲のよい友人づきあいのことをいう。

山本北山　折衷学派で反古文辞の山本北山（一七五二〜一八一二）が著した『作文志彀』（一七七九年刊）また『作詩志彀』（一七八三年刊）においても、古文辞の文章・詩を排撃している。その主張は、古文辞の作詩方法は模擬剽窃であり、詩人は自己の真情を吐露した「真詩」を作らねばならないというものである。そして、「真詩」の表現を「清新」と呼び「真詩」の基とすべき詩人の精神を「性霊」と呼んだことから、山本北山らの一派を「清新性霊派（性霊派）」と呼ぶ。一方、この山本北山の説を批判する『討作詩志彀』など

天保年間に佐藤一斎が幕府の儒官に抜擢されてからは、その禁もゆるめられ、表面上は朱子学を標榜しつつ、陽明学も信奉するものも現れた。佐藤一斎自身にも「陽朱陰王」などとのそしりがある。その一方、学術徳望ともに優れた一斎は門人も多く、『言志四録』などの著書は広く読まれた。なお、この期は清詩への関心が強くなったことも特徴的である。吟社・詩社としては、梁川星巌の玉池吟社が有名で、その門から大沼枕山・森春濤などが出て、明治期においても活躍した。作文の法について記したものに、斎藤拙堂の『拙堂文話』『続文話』、海保漁村の『漁村文話』『続漁村文話』などがある。

＊この期に活躍した詩人・文人

斎藤拙堂・梁川星巌・海保漁村・藤井竹外・広瀬旭荘・森田節斎・芳野金陵・佐藤一斎・大槻磐渓・大沼枕山・森春濤・三島中洲・重野成斎

近世の女流漢詩人　江戸時代後期になると、爛熟した漢詩文の世界にも女流詩人が出現した。その代表が、江馬細香（一七八七〜一八六一　大垣の蘭学者江馬蘭斎の娘、頼山陽の門人）、亀井小琴（一七九八〜一八五七　福岡の漢学者亀井昭陽の娘）、原采蘋（一七九八〜一八五九　秋月の漢学者原古処の娘）、梁川紅蘭（一八〇四〜一八七九　漢詩人梁川星巌の妻）などであった。

の書も登場しており、それだけこれらの著作が江戸詩壇の詩風転換に果たした役割もまた大きかったのである。

齋藤拙堂　齋藤拙堂（一七八九〜一八五八）の『拙堂文話』は、正編が一八三〇年刊、続編（『続文話』）が一八三六年刊。我が国における漢文の歴史を述べ、中国歴代諸家の文体を論じ、準拠すべき規範を示したもので、江戸時代に出た漢文論のうち最も大部のものである。藩校のテキストとしても用いられた。

課題12・1　一ノ谷の戦い

（『日本外史』）

義経之向フヤ二鵯越《ひよどりごえ》ニ一、路険シク夜黒シ、令ム三弁慶ヲシテ索メ二郷導ヲ一。弁慶認メテ二火光ヲ一、得タリ二一人家ヲ一。見テ二翁嫗ノ対坐スルヲ一、告ゲルニ以テスレ故ヲ。翁曰ク、「小人以テレ猟ヲ為シレ業ト、諳二知ス山路ヲ一。而レドモ今老イタリ矣。有リ二一児一。胆気可シレ用フ。」呼ビ起シテ、従ヒ二弁慶ニ一、謁セシム二義経ニ一。義経、執テレ火ヲ視ルニレ之ヲ、長身ニシテ高観、持テリ二猟弓矢ヲ一。問フニ二其ノ歯《よはひ》ヲ一。曰ク、「十七ト」。義経為メニ冠シレ之ニ、命ジテ二姓名ヲ一、曰ヒ二鷲尾経春ト一、給シ二鎧《がい》杖《ぢやう》ヲ一、以テ為ス二郷導ト一。問フ「鵯越ハ如《い》何《かん》ト」。経春曰ク、「太《はなは》ダ険シ。人馬不レ可カラレ行ク。唯鹿ノミ能ク踰《こ》ユトレ之ヲ。」義経曰ク、「鹿モ四足、馬モ四足。等シキ耳《のみ》ト。」先ダチテレ衆ニ馳スレ之ニ。至レバ二鵯越ニ一、則チ天明ク。頫《ふ》二視《し》スルニ城中ヲ一、二門ノ戦ヒ方《まさ》ニ酣《たけなは》ナリ。義経欲ス二急ニ応ゼントレ之ニ一。而レドモ懸崖数百仞、如シ二経春ノ所ノレ言フ。衆相目シテ、莫シ二敢テ進ム者一。乃チ試ニ駆テ二鞍馬二ヲ一、下スレ之ヲ。一ハ傷《きずつ》キ、一ハ達ス。義経曰ク、「可シレ下ル矣。」乃チ屈シテ二其ノ所ノレ騎ル馬ノ後足ヲ一、一鞭シテ下ル。三千騎、皆倣フレ之ニ。冑《ちう》鞍《あん》

課題12・1『日本外史』

頼山陽（一七八〇～一八三二）著。全二二巻。一八二七年に山陽と交流があった元老中首座の松平定信に進呈され、その二年後に刊行された。『史記』の世家の体裁にならい、源氏・平氏から徳川氏に至るまでの人物中心の武家興亡史を描いている。簡潔・平易で情熱あふれる名文で叙述され、幕末から明治期にかけて非常によく読まれた。また「外史氏曰」として付けられた論賛からは儒教の名分論から展開された独自の尊王思想がうかがえ、歴史評論（史論）の性格も有している。ただ、参考史料として軍記物語なども用いているため、史実に忠実であるとは言いがたい記事も散見する。また、本来の漢文には見られない和臭が目立つとの非難もある。

郷導　道しるべ
諳知　そらで覚えていること
胆気　物事に驚いたり恐れたりしない気力。
冠之　元服する
懸崖　きりたつたがけ。断崖
数百仞　「仞」は中国古代の高さ・深さの単位。八尺、七尺、四尺、五尺六寸などの諸説がある。

相触レ、直《ただちニ》達シ二城後ニ一、大ニ呼デ而入ル。平氏ノ軍駭《かい》擾《ぜうシ》、自ラ相撃《げき》刺《しス》。教経等《ら》敗走ス。

課題12・2 **『言志四録』 佐藤一斎**

緊《きびシク》立テテ二此ノ志ヲ一以テ求メバレ之ヲ、雖モ二搬《はこビ》レ薪ヲ運ブト一レ水ヲ、亦タ是レ学ノ所ナリレ在ル。況ヤ読ミレ書ヲ窮ムルヲヤレ理ヲ乎。志ノ之弗《ざレバ》レ立タ、終日従二事スルトモ読書ニ一、亦タ唯是レ閑事ノミ耳。故ニ為スハレ学ヲ莫シレ尚《かみナルハ》二於立ツルヨリ一レ志ヲ。

（『言志録』）

少ニシテ而学ベバ、則チ壮ニシテ而有リレ為スコト。壮ニシテ而学ベバ、則チ老テ而不レ衰ヘ。老テ而学ベバ、則チ死シテ而不レ朽チ。

（『言志晩録』）

課題12・3 **冬夜読ムレ書ヲ 菅茶山**

雪ハ擁シテ二山堂ヲ一樹影深シ
檐《えん》鈴不レ動カ夜沈沈
閑《しづかニ》収メテ二乱帙《ちつヲ》一思フ二疑義ヲ一

（『黄葉夕陽村舎詩集』）

駭擾 驚きさわぐ

課題12・2『言志四録』
江戸後期の儒者、佐藤一斎（一七七二〜一八五九）が著した『言志録』『言志後録』『言志晩録』『言志耋録』の四書の総称。為政者および臣下の心構え、危機に処する覚悟などが簡潔に記され、西郷隆盛をはじめ、幕末の人士に愛読された。なお、佐藤一斎の訓読法は非常に独特のものであるが（第14講参照）、ここでは一般的な訓読法によった。

窮理 物事の道理、法則をきわめること。
閑事 意味のないこと。
尚 尊ぶ、また、高いこと。

課題12・3『黄葉夕陽村舎詩集』
菅茶山（一七四八〜一八二七）江戸時代後期の儒学者・漢詩人。詩文集に『黄葉夕陽村舎詩集』、随筆に『筆のすさび』などがある。故郷の備後国（広島県）神辺に黄葉夕陽村舎と名付ける私塾を開き、村童の教育に携わった。後にこの塾は郷塾となり、世に広く知られ、名も廉塾と改めて、頼山陽などが塾頭を務めた。

山堂 山中の家。

一穂《ノ》青灯万古《ノ》心

練習問題12

（1）次の文は『日本外史』の一場面で、上杉謙信が武田信玄に送った手紙の一節である。これを書き下しなさい。

我与レ公争《ヘドモ》、所レ争《フハ》在《リテ》二弓箭《ニ》一不レ在《ラ》二米塩《ニ》一。請《フ》自《リ》レ今以往、取《レ》二塩《ヲ》於我《ガ》国《ニ》一。

（2）次の文を書き下しなさい。

人《ノ》渉《ルハ》レ世《ヲ》、如《ク》二行旅《ノ》一然《しかり》。途《みちニ》有《リ》二険夷一、日《ニ》有《リ》二晴雨一。畢竟不レ得レ避《ヲ》。只《ダ》宜《シク》《ベシ》二随《ヒ》レ処《ニ》随《ヒテ》レ時《ニ》相緩急《ス》一。勿《レ》二欲《シテ》レ速《ヤカナランコトヲ》以《テ》取《ル》一レ災《ヒヲ》、勿《レ》二猶予《シテ》以《テ》後《おくルル》一レ期《ニ》。是《レ》処《スルノ》レ旅《ニ》之道《ニシテ》、即《チ》渉《ルノ》レ世《ヲ》之道也。

（佐藤一斎『言志後録』）

檐鈴　軒につるされた風鈴。
沈沈　夜の更けてゆくさま。
乱帙　取り散らかした書物（「帙」は本を包むおおいのこと。厚紙に布を貼って作る）。
万古心　大昔の聖賢の心。

《コラム》漢文の戯作

十八世紀に入って、漢文の形式で遊びの世界を記したり卑俗な内容を滑稽に描いたりする作品が出現した。漢文で遊里の風俗や人情を滑稽に描いた金《こん》天《てん》魔《ま》撃鉦著『両《りょう》巴《は》巵《し》言《げん》』（一七二八年刊）などが刊行され、これら江戸の吉原について記したものは、後の洒落本というジャンルの作品を生み出す母胎となった。このような漢文の戯作が出現した背景には、漢字が町人文化に融け込み、中国風の趣味とも合致して、漢文が「硬い」儒学の世界から洒落の世界へと解放されたことを意味する。

漢文笑話の流行を受けて、狂詩が大いにもてはやされた。狂詩とは、外見的には押韻をするなど漢詩の形式を持ちつつ、内容は卑俗な素材を描き出すという矛盾から生じる滑稽さを楽しむもので、漢字の本義を無視した当て字，強引なこじつけの訓読をわざと用いることもある。「寝惚《ねぼけ》の滑稽、銅脈の諷刺」というように、江戸の寝惚先生（太田南畝）と並び称されたのが、京都の銅脈先生こと、畠中観斎（一七五二〜一八〇一）であった。十八歳の時に刊行した狂詩集『太平楽府《がふ》』（一七六九年）で一躍有名となった。

至野雪隠

欲シテレ低レント臨メバ二雪隠ニ一
雪隠ノ中ニ有リレ人
咳払ヒスレドモ尚ホ未ダレ出デ
幾度カ吾ガ身振リケレバ

これに先立ち、一休宗純（一三九三〜一四八一）は五山文学の中でもひときわ異彩を放つ、滑稽や風刺に富んだ詩を詠んでいる。

題スレ蚤《のみ》ニ

垢ヤ耶塵ヤ耶是レ何物ナリヤ
元来見来タレバ更ニ無骨ナリ
雖モ二為喰ヒテレ人ヲ十分ニ肥エタリト一
痩僧ノ一捻リニモ没セン二生涯ヲ一

第13講　近代日本漢文を読む

近代における漢文訓読体　文明開化および西洋文明の受容にともなって、漢学は衰退の一途をたどった。しかし、漢詩文についていえば、明治時代においてもまだまだ人気を博していた。漢詩漢文の作者であり読者であった近代初期の知識人たちは漢学の教育を受けており、特に初学の段階で行われる「素読」によって、漢文訓読体を型として身につけ、文章の共通基盤が知識人たちの中に形成されていたのである。それは、この時代において漢文訓読体が好まれたことからもうかがえる。左に示すのは、当時大変人気のあった東海散士著『佳人之奇遇』の冒頭部分であるが、まさに漢文訓読体で書かれている。

東海散士一日《いちじつ》、費府《ヒラデルヒヤ》ノ独立閣《インデペンデントホール》ニ登リ仰《あふぎ》テ自由ノ破鐘ヲ観《み》、俯《ふし》テ独立ノ遺文ヲ読ミ、当時米人ノ義旗《ぎき》ヲ挙テ英王ノ虐政ヲ除キ、卒《つひ》ニ能《よ》ク独立自主ノ民タルノ高風ヲ追懐シ、俯仰《ふぎやう》感慨ニ堪ヘズ。愾然《がいぜん》トシテ窓ニ倚《より》テ眺臨《てうりん》ス。会々《たまたま》二姫《にき》アリ、階ヲ繞《めぐ》テ登リ来ル。翠羅《すいら》面《おもて》ヲ覆《おほ》ヒ、暗影《あんえい》疎香《そかう》白羽《はくう》ノ春冠ヲ戴キ、軽縠《けいこく》ノ短羅《たんら》を衣、文華《ぶんか》ノ長裾《ちやうきよ》ヲ曳《ひ》キ、風雅高表実ニ人ヲ驚カス。一小亭《カーペンターホール》ヲ指シ相語《あひかたり》テ曰ク、那《か》ノ処《ところ》ハ即チ是レ、千七百七十四

素読　漢文の意味・内容の理解を後回しにし、まずは音読して本文を覚えてしまう学習方法。

佳人之奇遇　東海散士（柴四朗）著。初編は明治一八（一八八五）年に刊行、明治二一年までに四編まで刊行された。その後、明治二四年に五編が、明治三〇年に六編から八編まで刊行されて完結。全十六巻からなる政治小説の代表作。

【引用文　語注】

獨立閣　Independence Hall ペンシルバニア州フィラデルフィア市の独立記念歴史公園にあり、一七七六年、第二回大陸会議が開催され、七月に独立宣言が決議された場所

自由ノ破鐘　Liberty Bell アメリカの独立を記念する鐘。後に亀裂が入り、鳴らなくなった

愾然　慨然に同じ。心をふるいおこすさま

翠羅　緑色の薄衣

暗影疎香　ほのかに香が漂うさま

年十三州ノ名士始メテ相会《あひくわい》シ、国家前途ノ国是《こくぜ》ヲ計画セシ処ナリト。

（読みやすさのため、ルビをひらがなで補った）

このような政治小説の他、翻訳小説などに漢文訓読体のものが見られる。また、西洋文化の導入にあたり、訳語などに漢詩文の知識が果たした役割も見逃すことはできない。

近代の漢詩文　詩人では、梁川星巌門下の大沼枕山・小野湖山・森春濤が有名である。

特に、大沼枕山は下谷吟社を擁して初期詩壇の中心的存在であり、宋詩を鼓吹した。一方、明治七（一八七四）年に森春濤が茉莉吟社を結成し、宋詩に代わって清詩を推奨して詩風の変革をもたらした。明治二〇年代になると春濤の子である森槐南が星社を主催して詩壇の中心となったが、その後は漢詩も徐々に衰退していく。また、これら漢詩人の他に、いわゆる近代文学作家の漢詩もなじみ深い。正岡子規・夏目漱石・森鴎外・与謝野鉄幹・田山花袋などの漢詩も広く知られている。

漢文では、前時代から勇名を馳せた安井息軒・芳野金陵・大槻盤渓がおり、これに次いで、明治の四大家とも称せられた、重野成斎・川田甕江・中村敬宇・三島中洲、さらには依田学海・信夫恕軒などが出た。結社としては、藤野海南の旧雨社、川田甕江の廻瀾社、重野成斎の麗沢社などがある。

雑誌と新聞　近代における漢詩文の隆盛には雑誌と新聞が果たした役割が大きい。当時の有力新聞には漢詩の投稿欄が設けられ、森槐南など有名な漢詩

白羽ノ春冠　白い羽をつけた帽子

軽縠ノ短羅　縮緬の短い衣

文華ノ長裾　模様の美しい長い裾のスカート

風雅高表　上品な優美さが際立っている

一小亭　Carpenters Hall 一七七四年第一回大陸会議が開催された建物

翻訳小説　漢文訓読体で書かれた翻訳小説の代表作としては、丹羽純一郎訳『欧洲奇事花柳春話』（明治十一年刊）がある。これは、イギリスの小説家ロウド・リトン（Edward Bulwer Lytton 1803-1873）著の『アーネスト・マルツラバース』(*Ernest Maltravers*) およびその続編『アリス』(*Alice*) を翻訳したもの。

訳語　文明開化により、欧米の文物や知識が大量に移入されるのにともなって、多くの新しい概念が漢語で翻訳されていった。それを可能にしたのは、この時期の知識人の漢文の素養である。このようにしてできた漢語を「新漢語」とも呼んでいる。

【例】哲学・帰納・概念　など

人を撰者とした。また、主な漢詩文雑誌としては次のようなものがある。まず明治十年代頃に出されていたものとしては、『新文詩』(後、『新新文詩』。森春濤)、『東京新誌』(服部誠一)、『明治詩文』(佐田白茅)、『花月新誌』(成島柳北)などがあり、二十年代以降には、『鴎夢新誌』(森川竹渓)、『詩国』(服部担風)、『新詩綜』(上村売剣)、『百花欄』(野口寧斎)、『随鴎集』(大久保湘南)などが出た。

ただ、このような漢詩文の隆盛も、明治三〇年代を頂点として衰退していくことになる。

その他　近代の漢文で注目されるものとして、漢文戯作、特に繁盛記の類がある。天保年間に刊行された寺門静軒の『江戸繁昌記』にならい、近代になっても多くの繁盛記が流行した。成島柳北『柳橋新誌』、松本万年『田舎繁盛記』、服部撫松『東京新繁盛記』、石田魯門『大阪繁盛記』などがある。この中には、西洋の文化を漢文の中に取り入れたものも見られ、成島柳北の『柳橋新誌』(二編)には次のような例がみられる。

　有リ二新哇《ハヤリウタ》一曰ク、「一六休暇《ゾンタク》大ニ張《オ、イチザ》ルレ宴ヲ」。蓋シ一六之日倣ヒ二泰西日曜日之制ニ一、各省皆ナ閉チ官員休沐《ヤスム》ス。

「休暇」に対し、「ゾンタク」の左ルビがふられている。

　乍チ見ル断髪《ザンギリ》ノ士人二個各騎ツテ二大馬ニ一来ル

「断髪」に「ザンギリ」の左ルビがあり、その他にも、「宿疑氷解」に「ワケ

柳橋新誌　『柳橋新誌』は成島柳北(一八三七～一八八四)著。明治七年に刊行された。初編は柳橋の風俗を描いたもので、二編は当時の薩長の高官の無風流への揶揄、また、西洋かぶれの文明開化への辛辣な風刺となっている。

【引用文　語注】

一六休暇　慶応四年六月一三日、毎月一・六の日を休日とする布令が出された。「ゾンタク」はオランダ語 Zondag (日曜日) か

ガワカリマシタ」など、近世の文章に多く使用されたルビの使い方が漢文という文体の中に見られている。

さらに、近代においても漢文による紀行文が出されるが、この期に特徴的なのは、海外への旅行記であり、海外の風物が漢文・漢詩という文体で描かれている（課題13・2参照）。

近世漢文訓読語法の整理　近世においては、様々な訓読法が出現していたが（第14講参照）、明治も末になって「漢文教授ニ関スル調査報告」（『官報』明治四五・三・二九）が出される。これは、それまでまったく自由であった訓読法を整理し、また一定の指針を示したものであり、以後の漢文訓読法の目安となっていくものである。

課題13・1　**題自画　夏目漱石**　（『漱石詩集』）

唐詩読ミ罷《を》ハリテ倚《よ》ル二蘭《らん》干《かん》ニ一

午院沈沈トシテ緑意寒シ

借《しゃ》問《もん》ス春風何レノ処ニカ有ルト

石前ノ幽竹石間ノ蘭

ら来ており、後、「ドンタク」という語形で使われた。

泰西　西洋諸国の称。

官員　官吏。役人。

課題13・1『漱石詩集』

夏目漱石（一八六七〜一九一六）小説家。英文学者。子どもの頃唐宋の詩文を愛読し、詩文で身を立てることも考え、漢学専門の二松学舎にも学んだ。のち、英文学に転じたが、晩年に至るまで、多くの漢詩・漢文を作っている。

午院　昼下がりの中庭。

沈沈　静まりひっそりしている様子。

緑意　庭の草木の緑。

借問　ちょっと尋ねてみる。

幽竹　奥深い竹林。

課題13・2 『航西日記』 森鷗外

明治十七年八月二十三日。午後六時汽車発《ス》二東京《ヲ》一。抵《いたリ》二横浜《ニ》一、投《ズ》二於林家《ニ》一。此《ノ》行《ハ》受《クルコト》レ命《ヲ》在《リキ》二六月十七日《ニ》一赴《キ》二徳国《ニ》一修《メ》二衛生学《ヲ》一兼《ネテ》詢《とフ》二陸軍医事《ヲ》一也。七月二十八日詣《いたリテ》レ闕《ニ》拝《シ》二天顔《ヲ》一、辞二別《セリ》宗廟《ニ》一。

八月二十日至《リ》二陸軍省《ニ》一領《セリ》二封伝《ヲ》一。初《メ》余之卒《をふル》二業《ヲ》於大学《ニ》一也、蚤《つとニ》有《リ》二航西之志一。以為《おもへらく》今之医学《ハ》自《リ》二泰西一来《レリ》、縦《たと》使《ひ》観二其《ノ》文《ヲ》一諷《そらんズルトモ》二其《ノ》音《ヲ》一而苟《いやしくモ》非《レバ》三親《シク》履《ムニ》二其《ノ》境《ヲ》一則《チ》郢《えい》書《しよ》燕《えん》説《せつ》耳《のみト》。至《リ》二明治十四年《ニ》一叨《みだリニかたじけなくス》二学士《ノ》称《ヲ》一賦《シテ》レ詩《ヲ》曰《ク》、

一笑《ス》名優《まさリテ》質却孱《かへッテよわキヲ》
依然《タル》古態聳《そびヤカス》二吟肩《ヲ》一
観《テハ》レ花《ヲ》僅覚《ユ》真《ノ》歓事

課題13・2『航西日記』

森鷗外（一八六二～一九二二）、小説家、評論家、翻訳家、劇作家、陸軍軍医。鷗外（森林太郎）は大学卒業後、陸軍軍医になり、明治十七年、衛生学を修めるとともにドイツ陸軍の衛生制度を調べるため、陸軍省官費留学生としてドイツ留学を命じられた。『航西日記』は、明治十七年八月二三日の東京出発から、翌朝横浜出港、十月十一日ベルリン着までを漢文体の日記で記したもの。

林家 横浜の宿屋。

徳国 ドイツ。

闕 皇居。

宗廟 森家が典医をつとめた津和野藩主亀井家の菩提寺、弘福寺のことをさす。

封伝 通行手形。旅券。

郢書燕説 こじつけてもっともらしく説明すること。「郢」は中国の春秋戦国時代の楚の国の都で「燕」は国の名前。郢の人が、燕の大臣へあてた手紙の誤った部分を、燕の大臣がいいように解釈し実行したところ、かえって国が良く治まったという『韓非子』の故事から。ここでは、遠く離れた地からきた書物の知識だけでは誤解の恐れがあるということをいう。

依然古態聳吟肩 卒業しても官に就くこともなく、詩を吟じている身の上のこと。

題スルモレ塔ニ誰ニカ誇ラン最少年
唯ダ識ル蘇生ノ愧ヂシヲ二牛後ヲ一
空シク教ム三阿逖ヲシテ着ケ二鞭先ヲ一
昂《かう》々未ダレ折ヲ雄飛ノ志
夢ニ駕ス長風万里ノ船

蓋シ神已ニ飛ビヌ二於易北《エルベ》河畔ニ一矣。未ダずシテレ幾《いくば》クモナラレ任ゼラルルコト二軍医ニ一。為ル二軍医本部ノ僚属ト一躑《てき》躅《ちよく》鞅《あう》掌《しやう》。汨《こつ》二-没《ぼつ》スルコト于簿書案《あん》牘《とく》之間ニ一者三二-年於此ニ一、而ルニ今有リ二茲《この》行一。欲スルモレ毋なシトレ喜ビ不ルレ可カラレ得う也。

観花・題塔　唐代の科挙合格者が、長安の慈恩寺での祝宴で杏花を眺めながら合格を祝い、また、慈恩寺の雁塔に合格者の名を記したという故事をふまえる。
誰誇最年少　鷗外の卒業時の年齢が、同窓中最年少であったことをふまえる。
蘇生　蘇秦。『史記』蘇秦伝の故事「鶏口牛後」をふまえる。
阿逖　祖逖。好敵手の祖逖が、自分より先に馬に鞭打って功名をあげはせぬかと劉琨が気づかったという「晋書」(劉琨伝) の故事による。
昂々　志が高い様。
神　心。
易北　エルベ川。
僚属　下役。属官。
躑躅鞅掌　「躑躅」は足踏み、「鞅掌」は多忙であること。
汨没　うずもれること。
簿書案牘　出納簿と公文書。

練習問題13

次の漢詩は夏目漱石の『草枕』にでてくるものである。これを書き下しなさい。

青春二三月。　愁《うれひ》ハ随テ二芳草ニ一長シ。
閑花落チ二空庭ニ一。　素琴横タフ二虚堂ニ一。
蟰《せう》蛸《せう》掛《か》カリテ不レ動カ。　篆《てん》煙《えん》繞《めぐ》ル二竹梁ヲ一。
独坐無ク二隻語一。　方寸認ム二微光ヲ一。
人《じん》間《かん》徒ラニ多事。　此ノ境孰《たれか》可ベケンレ忘ル。
会《たまたま》得テ二一日ノ静ヲ一。　正ニ知ル百年ノ忙。
遐《か》懐《かい》寄セン二何レノ処ニカ一。　緬《めん》邈《ばく》タリ白雲ノ郷。

《コラム》印刷の歴史（中世まで）

製作年代の明確な現存世界最古の印刷物は「百万塔陀羅尼」（七六四〜七七〇年）である。称徳天皇が国家安泰を祈って、東大寺・法隆寺など南都十大寺に木製の小塔十万基ずつ合わせて百万塔を寄進した。その塔の中に、木版で印刷された『無垢浄光大陀羅尼経』が納められた。ただし、これはおよそ幅4.5〜6㎝、長さ15〜60㎝ほどで、紙を下にして捺印するように印刷したものではないかともいわれている。

その後、日本では本格的な、版木に彫って印刷する木版刷りのものが刊行されるようになる。現存最古のものは、奈良の興福寺を中心に関連する寺院で印刷された春日《かすが》版で、一〇八八年刊の『成唯識論《じょうゆいしきろん》』である。次いで、高野山などで密教や悉曇に関する書物を印刷した高野版は『三教指帰《さんごうしいき》』（一二五三年刊）が現存最古である。五山版は、十三世紀から十五世紀にかけて京都・鎌倉の五山を中心に、渡来僧も含む臨済宗の禅僧によって印刷されたもので、仏書だけでなく、宋・元代に中国で刊行された儒書・詩文集・医学書なども復刻された。装丁には、その後の和本の一般的形態となる袋綴《ふくろとじ》装が用いられた。このような五山版の盛行によって、俗家における開版も始まり、大坂堺の商人道祐《どうゆう》居士によって一三六四（正平一九）年に『論語集解《しっかい》』が刊行された。

一五九三年、豊臣秀吉の朝鮮半島出兵によって、活字版、銅活字や印刷道具が日本にもたらされた。そのような銅活字・木活字によって、十六世紀末から十七世紀初めにかけて日本で活字で印刷された本を古活字版（古活字本）と呼んでいる。他方、一五九〇年にイエズス会東インド巡察師アレッサンドロ・ヴァリニャーノが持ち込んだ、グーテンベルクの改良した方式による鉛活字と印刷機によって印刷された書物を「キリシタン版」という。

第14講　和刻本で読む

和刻本とは　中国などの本を日本で覆刻出版したものである。近世（江戸時代）においては、様々な漢籍の和刻本が出版され、それによって多くの人が漢文を読むことができるようになった。また、中世まで漢文を読む際に使用されていたヲコト点（第15講参照）は出版・読解の便宜上使用されなくなり、和刻本の漢文は、返点とカタカナによって訓読されていく。

近世における漢文訓読の変遷　近世における漢籍の訓読は、朱子の新注を取り入れることで、中世までの博士家による訓読法から変化していくようになる。そして、太宰春台の『倭読要領』に、

薩摩ノ僧文之四書ヲ読ミ、羅山先生四書五経ヲ読ミテヨリ、後来コレニ倣フ者数十家、各々其本アリテ世ニ行ハル（巻上一裏）

とあるように、様々な訓読法（訓点を付けた人の名前をつけて「道春点」「後藤点」「一斎点」のように呼ばれることが多い）が登場している。漢文訓読自体を否定し、漢文は外国語である以上、中途半端な「漢文訓読」などせずに外国語として読むことを主張する論は、すでに近世において、荻生徂徠およびその弟子の太宰春台から出される。荻生徂徠は、『訓訳示蒙』で、

今、学者訳文ノ学ヲセント思ハゞ、悉ク古ヨリ日本ニ習来ル、和訓ト云フモノト字ノ反リト云モノトヲ、破除スベシ（巻一・三丁裏）

朱子の新注　朱子（一一三〇〜一二〇〇、名は熹）は中国南宋の儒者。朱子によって大成された儒教の学説が朱子学と呼ばれる。江戸時代、官学として保護を受けた。

朱子は、『大学』・『中庸』・『論語』・『孟子』の四部の書を「四書」と称して、まず読むべき入門の学として尊重し、その注釈書として『四書集注』を著した。

太宰春台（一六六〇〜一七四七）儒者。荻生徂徠の門人。著書『倭読要領』（享保十三（一七二八）年刊）は漢文の訓法を述べたもの。

道春点　江戸時代は、幕府が官学として儒学を奨励したため、漢学が非常に盛んであった。その基礎を築いたのが、幕府の儒官であった林羅山（一五八三〜一六五七、名は信勝、剃髪して道春）である。道春点は、博士家の伝

と、訓には読まずに音読し、返読することをやめよ、と延べ、また太宰春台も『倭読要領』で、

凡中華ノ書ヲ読ムハ、中華ノ音ヲ以テ、上ヨリ順下ニ読テ、其義ヲ得ルヲ善《ヨシ》トスレドモ、吾国ノ人ニシテ、華音ノ読《ヨミ》ヲ習フコト容易《ヨウイ》ナラネバ、已《ヤム》コトヲ得ズシテ、倭語ノ読《ヨミ》ヲナスナリ（巻上二表）

と漢文訓読はあくまでも便宜的なものにすぎないとしている。その主張とともに近世の漢文訓読は変化し簡略になっていく。その中でも最たるものが佐藤一斎の一斎点であり、原漢文を重視するあまり極端なまでに機械的で簡略な一斎点の訓読法は近代においても国語の語法を破壊したものとして非難されることが多いが、その反面、佐藤一斎の盛名によって広く行われたことも事実であり、近代の文語文への影響も大きい。その一方で、近世後期においても、日尾荊山の『訓点復古』のように、後期の簡略な訓読法を否定し、前期の訓読法に戻ることを主張する論も現れる。

此ニ宿儒《シユクジユ》〈フルキモノシリ〉有、常ニ朱子学ヲ奉ス。其四書集注ノ句読《クトウ》〈ソドク〉ヲ授〈ヲシフル〉ルヲ見ルニ、惺窩羅山二先生ノ古点ヲ芟除《サンチヨ》〈カリノケ〉シ、ヤクタイモ無キ読癖《ヨミクセ》ヲ作リテ、一家ヲ成《ナ》サントス。是則朱子学ヲ奉シテ朱子ニ背《ソム》ク也。不敬トヤ云ン、非礼トヤ云ン。（中略）或ハ此書ヲ閲《ミ》テ、今点ノ非ヲ悟《サトラ》ン人、立地《タチドコロ》ニ古点ニ復セヨ。（巻下一丁表）

（原文中、左右にルビが付されている語については、左ルビを、当該語の後に〈　〉で囲って示した。）

統的な訓読法に沿いつつも、新注による訓読法をも取り入れた部分もあるようである。
　また、この道春点は、江戸時代における訓点の代表格として、江戸時代を通じて刊行されている。

後藤点　後藤芝山（一七二一～一七八二、名は世鈞、字は守中、通称は弥兵衛）は林家の家塾に学び、後藤点の『四書集註』は「林家正本」として広まった。しかも幕府の寛政異学の禁のため、後藤点が「素読吟味」の基準として使われた。このように、近世前期の訓点本の代表が道春点であるならば、近世後期の代表格はこの後藤点ということになる。

一斎点　佐藤一斎（一七七二～一八五九、名は坦、字は大道、通称は幾久蔵、また捨蔵）は昌平黌の儒官を勤め、多くの藩に招かれて、門人も多く有していた。そのため、一斎点は、後藤点とともに明治以降も版を重ねている。また、一斎点の影響を受け、一斎点の訓読法にならう訓点本もみられる。しかし、その一方で、あまりにも機械的で簡潔な訓読法には批判も多かった。

荻生徂徠（一六六六～一七二八）儒者。古文辞学を唱え、政治と文芸を重んじた。著書『訓訳示蒙』（明和三（一七三八）年刊）は助字について述べたもの。

日尾荊山（一七八九～一八五九）儒者。実

右の記述から、荊山が訓読の手本とし、「復古」しようとしていたのは近世初期の藤原惺窩・林羅山の訓点であることが窺える。

訓読法の変化　簡略になった近世後期の訓読法の具体的な特徴は

①　補読語（読み添え語）の減少

②　音読の増加

この二点にまとめることができる。

まず、「①補読語（読み添え語）の減少」について具体的に見ていくことにする。課題14・2において、文之点・道春点・仁斎点、そして日尾点が「欲スルトキハ」と、形式名詞の「トキ」を付けて読んでいるのに対し、春台点・後藤点・一斎点では、「欲スレバ」と助詞の「バ」を補うだけとなっている。現在、「則」が原漢文中に有る場合の訓読は、「レバ則」として知られているが、そのような読み方は、この近世における訓読法の変化によって一般的になってきたのである。貝原益軒の『点例』に、

則ノ字ヲヨム例

「然ラハ則」トヨマスシテ「然ルトキハ則」トヨム説アリ。サレトモ「トキハ」トヨマスシテ理ヨクキコユ。孝経ニ、「故《ニ》以レ孝《ヲ》事《ハ》レ君《ニ》則忠《ナリ》以レ敬《ヲ》事《ハ》レ長《ニ》則順《ナリ》。」論語ニ、「行《テ》有二余力《レハ》一則以学《イテフ》レ文」ノ類、皆「レハ」トヨムヘシ。「時」ノ字ヲ加ルハムツカシク、無用ノ贅言蛇足ノ如シ。「時」ノ字ヲテニハニハ用カタシ　（巻上二一裏）

として、

践を重んじ、国字研究の必要性も説いた。著書に『訓点復古』（天保六（一八三五）年刊）などがある。

藤原惺窩（一五六一～一六一九）江戸初期の儒者で、近世儒学の祖ともいわれる。徳川家康に重んじられた。初め仏門に入ったが、還俗して朱子学を極めた。林羅山はその門人にあたる。

貝原益軒（一六三〇～一七一四）儒者、本草学者。実証を重んじ、平易な文体で説いた。著書『点例』（元禄十六（一七〇三）年刊）は訓点を解したもの。

〈…トキハ　則　――〉

という訓読法を簡潔にして

〈…レハ　則　――〉

と訓読するという主張が見られる。

一方、「②音読の増加」については、課題14・3において、「善《ヨ》カラ不《ズ》」と訓で読まれるもの（道春点）もあるが「不善」と音読されている。このように、訓で読まれるものが次第に減少し、音読が多用されるようになる。太宰春台の『倭読要領』では、

凡中華ノ書ヲ読ムハ、中華ノ音ヲ以テ、上ヨリ順下ニ読テ、其義ヲ得ルヲ善トスレドモ、吾国ノ人ニシテ、華音ノ読ヲ習フコト容易ナラネバ、已コトヲ得ズシテ、倭語ノ読ヲナスナリ　（巻上二表）

と、本来ならば返読と訓に読むことを廃して、音読することが望ましいが、漢字音を学ぶことは容易ではないので、便宜上訓に読むことも使わざるをえないとしている。

新しい訓法の源流

桂庵《けいあん》玄樹（一四二七～一五〇八）は臨済宗の僧で、明で約七年間儒学を学び、帰国後各地で宋学を講じた。その著『桂庵和尚家法倭点』（一六二四年頃刊）では、従来の訓点を「古点」と位置づけ、その訓法を痛切に批判し、「置き字」も読むべきことなどを主張した。たとえば、「則」について次のように述べている。

則字、古点ニ上ノ字ノ下ニテ、トキンバト点ズル時ハ、スナハチトヨム事マレナリ。故ニ新註ニ朱ニテ則《ス》毎字如此点ズルナリ。

「則」の字は古点ではスナハチと読むことはまれであるが、新注（朱子学）では字がある毎にスナハチと読むべきだというのである。また、次のように従来の読み方を改めようともしている。

古点ニ、不亦楽乎之類、イヤシキナリ。タノシマザランヤト読テ好ナリ。

このような主張による訓法は、後に孫弟子の文之玄昌《ぶんしげんしょう》（号は南浦）の補訂を経て、江戸時代には「文之点」として四書読解の標準となった。

課題14・1　『論語』学而

文之点　学《テ》而《シテ》時《ニ》習《フ》レ之《ヲ》不《ンヤ》二亦説《ヨロコバシカラ》一乎

道春点　学《テ》而時《ヨリ〳〵》《トキトシテ》習《カサヌ》《ナラハス》《ナラフ》レ之《ヲ》不《ス》二亦説《カラ》一乎《ヤ》

仁斎点　学《テ》而時《リ》習《フ》レ之不《スヤ》二亦説《シカラ》一乎

春台点　学《テ》而《シテ》時《ニ》習《フ》レ之《ヲ》不《ン》二亦説《ハ》一乎《ヤ》

後藤点　学《テ》而時《ニ》習《フ》レ之《ヲ》不《ス》二亦説《カラ》一乎《ヤ》

一斎点　学《テ》而時《ニ》習《ハス》レ之《ヲ》不二亦説《ハ》一乎

日尾点　学《テ》而時《ニ》習《フ》レ之《ヲ》不《サラン》二亦説《カラ》一乎《ヤ》

文之点　有《リ》二朋《ホフ》自《リ》レ遠方来《ルコト》一不《ヤ》二亦楽《シマ》一乎

道春点　有《リ》下朋《トモ》自《リ》二遠方一来《レルコト》上不二亦楽《タノシカラ》一乎《ヤ》

仁斎点　有《リ》レ朋自二遠方一来《ル》不二亦楽《カラ》一乎

春台点　有《テ》レ朋自二遠方一来《ル》不《ン》二亦楽《マ》一乎《ヤ》

後藤点　有《リ》レ朋《モ》自《リ》二遠方一来《ル》不二亦楽《タノシカラ》一乎《ヤ》

課題14・1～14・3『論語』

【課題について】

本講の課題1～3は、『論語』の章句の一節を、近世の代表的な訓点本がそれぞれどのように訓読しているのかを比較して見てほしい。

なお、七種の訓点本はその刊行年と加点者の生没年をもとに時代順に並べてある。

翻刻にあたっては、なるべく原本通りとした。そのため、読みがなとしての「ひらがな」は使用せず、送りかなのつけ方もこれまでの章とは異なる。また、歴史的仮名づかいとは異なる場合もそのままにしてある。ただし、漢字・カタカナは現行の字体に改め、返点も一般的な方式に拠った。

【課題に使用した訓点本について】

文之点　大魁四書集註　寛永九（一六三二）年刊。

道春点　四書集註　林羅山点　寛文四（一六六四）年刊。

仁斎点　論語古義　伊藤仁斎点　正徳二（一七一二）年刊。

春台点　論語古訓正文　太宰春台点　宝暦四（一七五四）年刊。

後藤点　（新刻改正）四書集註　後藤芝山点　寛政六（一七九四）年刊。

一斎点　（林家正本）四書集註　佐藤一斎点　文政八（一八二五）年跋。

一斎点　有レ朋自二遠方一来《ル》　不二亦楽《マ》一乎

日尾点　有《リ》下朋《トモ》自《リ》二遠方一来上《レルコト》　不二亦楽一《タノシカラ》乎《ヤ》

課題14・2　『論語』子路

文之点　欲《スルトキハ》レ速《カナランコトヲ》　則不レ達

道春点　欲《スルトキハ》レ速《ナラント》　則不レ達

仁斎点　欲《トキハ》レ速《ナルヲ》　則不レ達

春台点　欲《スレハ》レ速《ナランコトヲ》　則不レ達

後藤点　欲《スレハ》レ速《ナラント》　則不レ達

一斎点　欲《レハ》レ速《ナルヲ》　則不レ達

日尾点　欲《スルトキハ》レ速《ナラマクト》　則《チ》不レ達

課題14・3　『論語』述而

文之点　不善不レ能レ改《ムルコト》　是《レ》吾《カ》憂《ウレイナリ》也

道春点　不《ヲ》レ善《ヨカラ》不《ス》レ能《ハ》レ改《ムルコト》　是《レ》吾《カ》憂《ヘナリ》也

仁斎点　不善不《ル》レ能レ改《コト》　是《レ》吾憂《ナリ》也

日尾点　慶應新刻論語　日尾荊山点　刊記なし。

【加点者】

（道春点・後藤点・一斎点は既出）

文之点　文之玄昌（一五五五～一六二〇）は、桂庵玄樹の系統につながり、そのため文之点は桂庵玄樹の訓読法をよく伝えるものである。

仁斎点　伊藤仁斎（一六二七～一七〇五、名は維楨、字は源佐、別号は棠隠）は、古義学を唱え、『論語』も新注に拠らず独自に解釈し、それに沿って訓読しているので、時に他の訓点本と読み方の違いが生ずることもある。その訓読法はやや簡潔になってきているが、それでもまだ春台などに比べると古形を保っている。

春台点　太宰春台（一六六〇～一七四七、名は純、通称弥右衛門、字は徳夫）は、師の荻生徂徠の意見を受け、和訓と「顚倒」とを否定した。実際、春台の『論語古訓正文』でも、音読することが多くなっている。

日尾点　日尾荊山（一七八九～一八五九、名は瑜、字は徳光、通称多門・宗右衛門）は『訓点復古』を著し、一斎点の簡潔な訓読法を批判して、藤原惺窩・林羅山の訓読法に「復古」することを説いたが、実際の訓読法は、初期の道春点までは戻ってはいない。

春台点　不善不レ能レ改ルコト是吾カ憂也

後藤点　不善不レ能ハレ改ムルコト是レ吾憂ヘ也

一斎点　不善不ルレ能レ改ル是吾カ憂也

日尾点　不善不スレ能ハレ改ムルコト是レ吾カ憂ヘナリ也

練習問題14

それぞれに施された訓点に従って書き下しなさい。（『論語』衛霊公）

道春点　知及トモ之仁不ルトキハレ能ハレ守ルコト之雖レ得ルト之必ス失フ之

後藤点　知及ヘトモレ之ニ仁不レハレ能ハレ守ルコトレ之ヲ雖レ得ルトレ之ヲ必ス失フレ之ヲ

一斎点　知及ヒレ之ニ仁不ルレ能ハレ守ルレ之ヲ雖レ得レレ之ヲ必失フレ之ヲ

【練習問題14について】

「不」の補読、道春点は「不ルトキハ」、後藤点「不レバ」、一斎点は「不ル」となっている。これは、一斎点では、原漢文中に「則」字がない場合には、条件の文脈でも「バ」を補わないため、このような不自然な読み方になる。

「雖得」の読み方、道春点と後藤点は現行の「得ルト雖《イヘド》モ」であるのに対し、一斎点は「得レ雖《ドモ》」と読む。

「不能改」　一斎点以外は、「改ムルコト能ハズ」と読んでいるのに対して、一斎点は「改ムル能ハズ」と、「コト」を付けずに読んでいる。

《コラム》印刷の歴史（近世以降）

十七世紀に入って、古活字版が盛んに刊行され、さらに本を出版（印刷）し店頭で販売する書林（本屋）が出現するに至った。一六〇八年に中村長兵衛が『五《ご》家《げ》正《しょう》宗《じゅう》賛《さん》』（南宋の希《き》叟《そう》紹《しょう》曇《どん》撰。一二五四年成立。臨済・曹洞など禅宗五家の祖師の略伝などを記した書）、一六〇九年に本屋新七が『古文真宝』（元の黄堅編か。宋代までの漢詩文集）を出版するなど、儒学・仏書など漢文による書物を主体とした営利的な出版が始まった。これによって、読者層が拡大して本の需要が増し、本を大量生産するために、その印刷方法が寛永年間（一六二四〜四四年）の初めを境として、活字印刷から整版印刷（木の板に彫って、絵の具や墨汁などを塗り、紙をあてて摺る製法）へと変化していった。

活字印刷は少部数の刊行には経済的であるが、版を重ねる場合には活字を組み直さなければならず、手間がかかり出版費用もかさむことになる。また、挿絵を組み込むこともむずかしい。これに対して、整版印刷は、板木を彫るというコストがかかるが、版を重ねることは容易で、しかも、版木を所有することによって、版権をも手にしておくことができるという利点もある。また、漢文に返り点を施したり、漢字に振り仮名を付したりするのは活字ではかなり困難であることなど、一枚板に彫る方が紙面が見やすかったこともあげられる。このように、漢字だけの組版ではなく、振り仮名を含めて仮名および挿絵を組みやすくするために、もとの整版印刷に戻り、刊行の点数は一六五九年の『新板書籍目録』に一三六六、一六八五年版『和書漢籍目録』に五九三四というように、商業出版は隆盛の一途をたどった。

一八六九年には上海の美華書館のウィリアム・ガンブルを招き、明朝体活字が作られるようになった。その後は多様な書風の活字が作製され、活版印刷が主流となっていった。

第15講　ヲコト点で読む

ヲコト点とは　ヲコト点は、訓点の符号の一種で、漢字の四隅、内部、四方の辺、その周囲などに「・」「｜」「—」「＼」「／」「┐」「＋」「リ」などの符号を用いて、形と位置とによって種々の読み方を示したものである。最もよく用いられたのは、テ・ニ・ヲ・ハ・ト・ノ・カなどの音節で、助詞の類が多い。ヲコト点は、平安時代初期に創始され、その後大いに発達し、鎌倉時代まで訓点の中心的位置にあった。やがて、仮名の記入が一般化するにつれ、徐々に衰微し、江戸時代には仏教書の一部に伝承されるに過ぎず、ほとんど姿を消してゆくこととなる。加点の時代や使用者の社会的属性によって異なっており、現在までに百数十種類のヲコト点が見出されている。

正宗敦夫文庫本『長恨歌』（正安二年写）の一部

［本文］
黄埃散漫風蕭索

［読み下し文］
黄-埃《アイ》（平軽）散-漫と(し)て
風-蕭-索タリ

ヲコト点の起源　中国の破点に由来し、その手法が日本に伝えられたと考えられている。奈良時代の『李善注文選抜書』（七四五年）の句点が最も古い加点であると見られ、また、『華厳刊定記』巻五（大東急記念文庫蔵）の朱点（七八三年）には返り点に相当する符号が用いられている。ヲコト点を用いた年代のわかる最も古い資料は『成実論』天長五（八二八）年点（聖語蔵、東大寺蔵）である。

訓点は、漢字本文に小さく書き込まれるが、墨点のほかにも、朱点、白点、その他の色の点もあり、さらに、紙面を尖った先でへこませることで記入する「角筆」を用いた訓点もある。

音合符　漢文訓読の中で、漢字の熟合を示すために付ける符号。字と字の間に「—」と記す。詳しくは一二四頁「合符」参照。

声点　漢字や仮名の四隅に「○」「|」「・」などのように、高く発音するか、低く発音するかという声調（アクセント）を示した符号。詳しくは三二頁下段「声調」参照。

ヲコト点の種類

ヲコト点は、四隅の点に注目して、大きく八種類に分かれ、それぞれ第一群点、第二群点、…第八群点のように名付けられている。これらは時代や使用者の社会的属性などと深くかかわりがある。

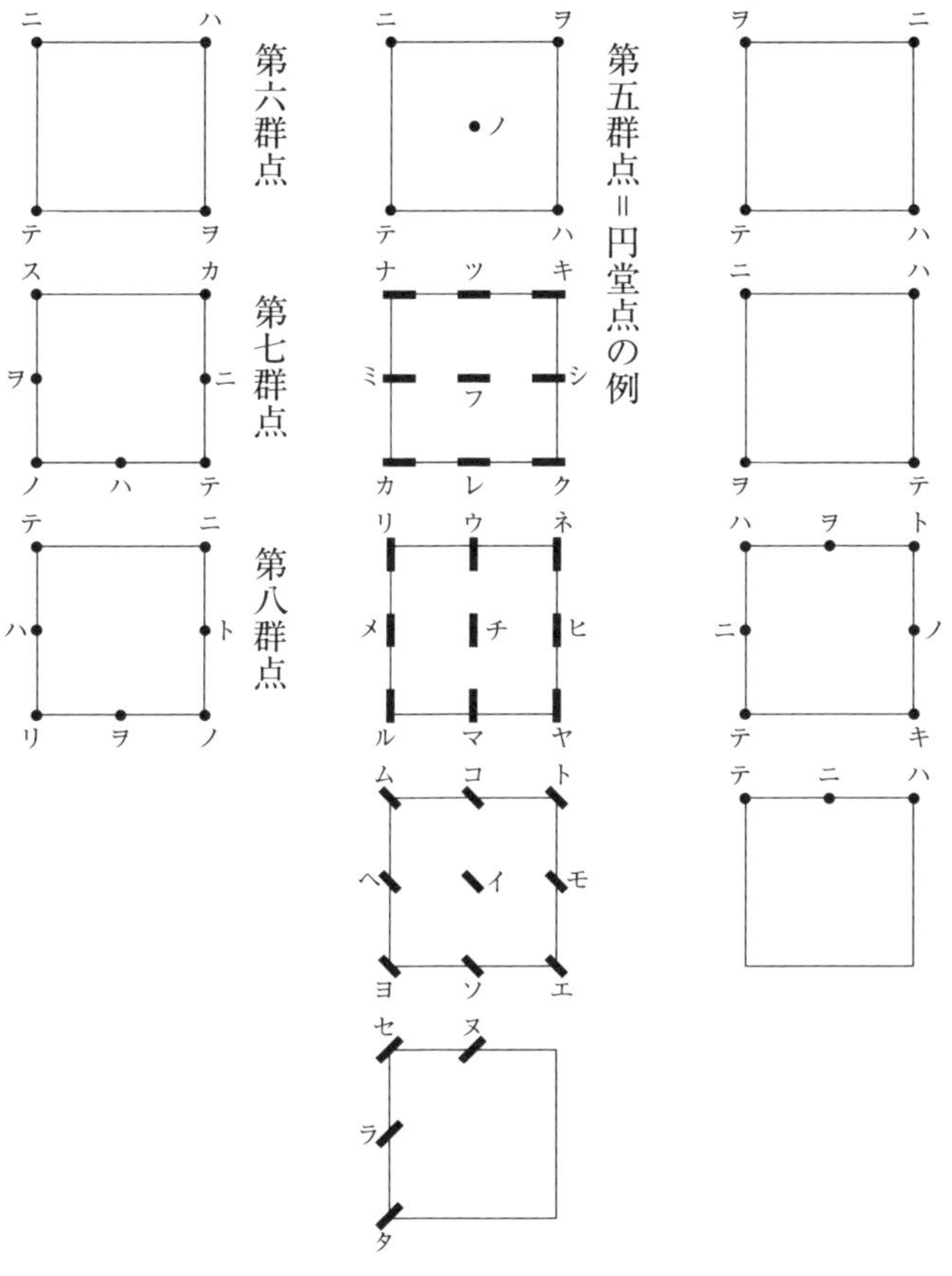

第一群点　第二群点　第三群点　第四群点

第五群点＝円堂点の例

第六群点　第七群点　第八群点

ヲコト点の展開　最古のヲコト点は、特殊点とされるごく素朴な点【特殊点の図】であって、これを萌芽的な状況と認めて、第二群点を右方に90度回転して、第一群点が生じた。この第一群点の星点のうち、左上隅の星点ヲと右上隅の星点ニとを交替させて、左下隅から右廻りに四隅の星点がテニヲハの形となったのが第五群点である。

これとは別個に、第三群点を、やはり右方に90度回転して、第四群点が成った。同じく、第六群点もこの第三群点から派生したと推定されている（第五群点の変形とする説もある）。

第七群点と第八群点とは、上記第一群点〜第六群点とは、別に発達したもののようである。

【特殊点の図】

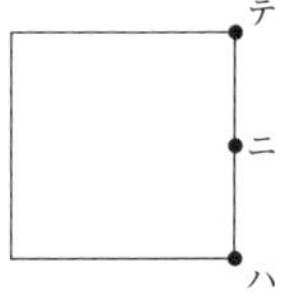

ヲコト点の展開

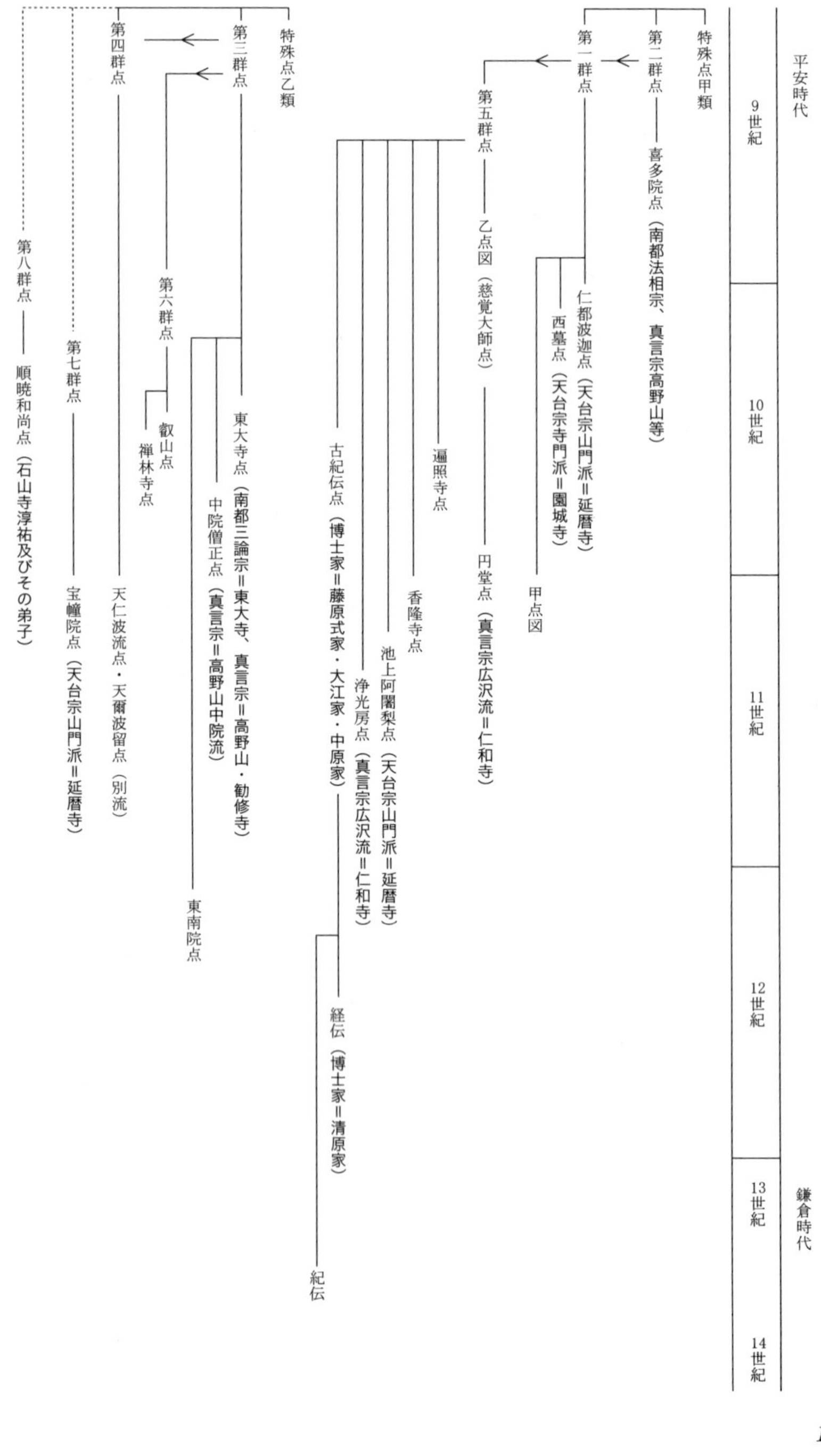

平安時代
鎌倉時代
9世紀
10世紀
11世紀
12世紀
13世紀
14世紀
特殊点甲類
第二群点
喜多院点（南都法相宗、真言宗高野山等）
第一群点
仁都波迦点（天台宗山門派＝延暦寺）
西墓点（天台宗寺門派＝園城寺）
甲点図
第五群点
乙点図（慈覚大師点）
円堂点（真言宗広沢流＝仁和寺）
遍照寺点
香隆寺点
池上阿闍梨点（天台宗山門派＝延暦寺）
浄光房点（真言宗広沢流＝仁和寺）
古紀伝点（博士家＝藤原式家・大江家・中原家）
経伝（博士家＝清原家）
紀伝
特殊点乙類
第三群点
東大寺点（南都三論宗＝東大寺、真言宗＝高野山・勧修寺）
中院僧正点（真言宗＝高野山中院流）
東南院点
第六群点
叡山点
禅林寺点
第四群点
天仁波流点・天爾波留点（別流）
第七群点
宝幢院点（天台宗山門派＝延暦寺）
第八群点
順暁和尚点（石山寺淳祐及びその弟子）

ヲコト点資料の読み下し文の作成法

ヲコト点を用いた資料は、通常、ほかに、片仮名で書き加えられた読み仮名や送り仮名、また、声点を示す符号などが訓点として記入されている。その場合、これらをできるだけ読み下し文に反映させるようにすることが大切である。そこで、ヲコト点を用いた資料の読み下し文は、次のような方式で作成するのが一般的である。

① ヲコト点は平仮名で表記する。

② 読み仮名（ルビ）や送り仮名は片仮名で表記する。当該字の左右に分かれて加点されている場合、それに応じて左右に読み仮名を付す（→⑤）。

③ 声点が付けられた漢字には、「平」「上」「去」「入」といった声調の名称を当該字の下に右寄せの（ ）内に付ける。

④ 読み下し文の作成者が補った箇所については、（ ）で括って表記する。

⑤ 読み方に複数ある場合は、本訓の下〔イ ……〕として異訓を示す。三訓ある場合は、本訓の下に、行の左右に分かれて加点されているのに応じて〔イ右 ……左 ……〕として示す。

⑥ 句読点は現代語での慣用的な使い方に従って、適宜「。」「、」「・」を用いる。だいたいは加点された句点「。」によるが、意味が通るように私に付ける場合もある。

⑦ 読み下す際に読まない文字、もしくは読んでも仮名で表記すべき助詞・助動詞に相当する文字は〔 〕に囲んで示す。

片仮名字体の変遷　片仮名の字体は、当初は万葉仮名の部分の形をとどめており「ウ」は「宇」のウ冠の形から、「テ」は「天」の最終画の払いを省いた形であった、これが、時代が下るとともに、徐々に変形し、漢字の形から離れていった。

同様に、「チ」は「千」の最終画の書き止め部分が左に曲がり、「ミ」は「三」の三本線が斜めに傾くようになる。これらの変化は院政期から鎌倉時代にかけてみられるようになり、時代によって微妙に形が異なることから、これを手がかりにして片仮名が書き込まれた時代の判定を行うこともできる。

（『図解日本の文字』より）

課題15・1　正宗敦夫文庫本『長恨歌』（正安二年写）

（本書一二八頁）

三行目の「一朝選在君主側」までの箇所を、次のヲコト点図および仮名字体表を用い、一二二ページの作成法にしたがって読み下し文を作成してみよう。

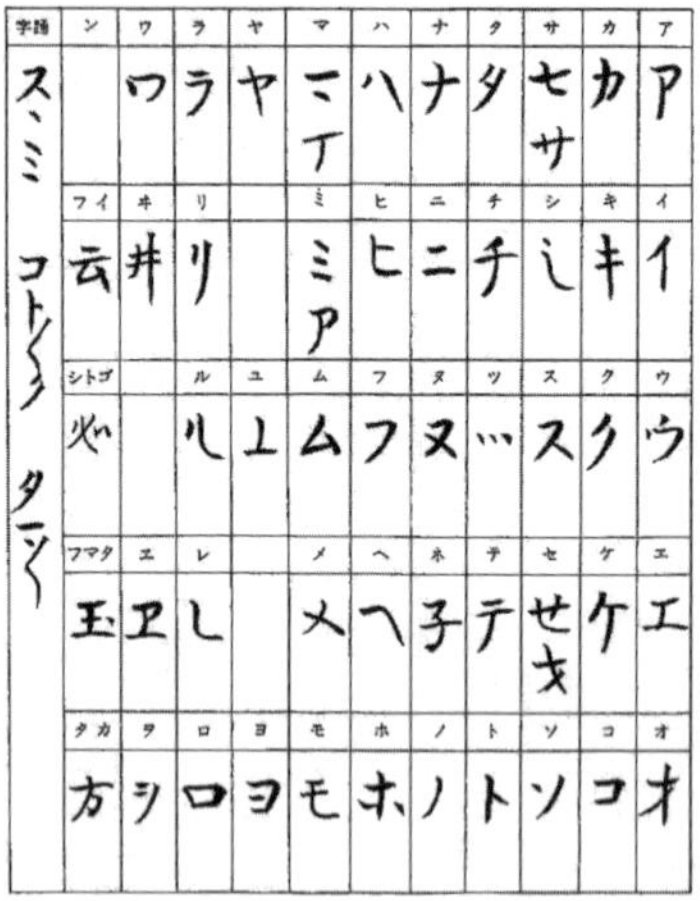

［参考本文］

漢皇重色思傾国　御宇多年求不得
楊家有女初長成　養在深閨人未識
天生麗質難自棄　一朝選在君王側
回眸一笑百媚生　六宮粉黛無顔色
春寒賜浴華清池　温泉水滑洗凝脂
侍児扶起嬌無力　始是新承恩沢時
雲鬢花顔金歩揺　芙蓉帳暖度春宵
春宵苦短日高起　従此君王不早朝
承歓侍宴無閑暇　春従春游夜専夜
後宮佳麗三千人　三千寵愛在一身
金屋粧成嬌侍夜　玉楼宴罷酔和春
姉妹弟兄皆列土　可憐光彩生門戸
（以下略）

課題15・1『長恨歌』　白居易作の長編叙事詩。八〇六年成立。唐の玄宗皇帝と楊貴妃の恋愛を描く。

博士家点　博士家とは、平安時代以降、大学寮などにおいて、博士の職を世襲した家柄のことである。菅原・大江・清原・中原などの各家が有名で、そのような博士家で用いられたヲコト点を総称して「博士家点」と呼ぶ。最も広く行われたヲコト点で、左下から時計回りに角に付された点がそれぞれテ・ニ・ヲ・ハとなるものである。堂上点ともいう。

声調　声調は一般に平声・上声・去声・入声の四つの声調で示される。これを四声という。これに対して、右の四声に加えて、平声軽、入声軽を加えた六つの声調（六声）で示される場合もある。

正宗文庫本の本文（下段）［数字は行数］
2　深閨―深窓
4　回眸―廻眸
9　侍宴―侍寝　春游―春遊
10　後宮―漢宮
12　弟兄―兄弟

課題15・2　書陵部本『日本書紀』巻第二十二　（本書一三六頁）

次のヲコト点図および仮名字体表を用い、一二一ページの作成法にしたがって次の［参考本文］の部分について読み下し文を作成してみよう。

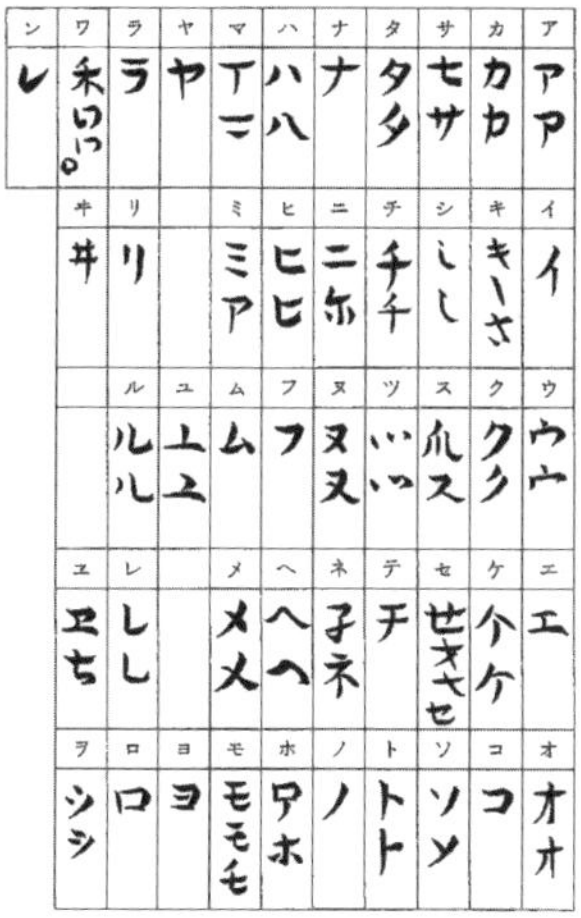

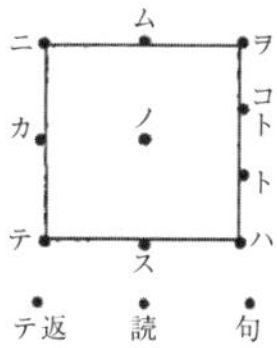

［参考本文］

十二年春正月戊戌朔始賜冠位於
諸臣各有差夏四月丙寅朔戊辰皇
太子親肇作憲法十七條一曰以和
為貴無忤為宗人皆有党亦少達者
是以或不順君父乍違于隣里然上
和下睦諧於論事則事理自通何事
不成二曰篤敬三々宝々者仏法僧
也則四生之終帰万国之極宗何世
何人非貴是法人鮮尤悪能教従之
其不帰三宝何以直枉
（以下略）

課題15・2『日本書紀』　日本最初の勅撰の歴史書。三〇巻。七二〇年成立。舎人親王ら撰。神代から持統天皇までの歴史を編年体で記述する。

紀伝点　中国の正史は紀伝体で書かれたことから、歴史もしくは歴史学のことを「紀伝」といい、日本の律令制の大学寮において、歴史を教える学科を「紀伝道」と呼ぶ。後に漢文学の学科である文章道と統合されて、歴史と漢文学を教える学科となった。それ以降、学科を「紀伝道」、博士を「文章博士」と呼ぶようになった。

文章博士は、九世紀以降、菅原氏、大江氏、藤原氏の南家および式家、そして、北家のうちの日野流の五つの家系が文章博士を世襲するようになった。そのような家に伝わるヲコト点を「紀伝点」という。

課題15・1 ［読み下し文（例）］

漢皇色を重（んじ）て傾-国を思（ふ）、御(去濁)-宇(上)多-年求（むる）こと（を）得《エ》不《(ず)》、楊家に女有リ初（め）て長-成《ヒト、ナ》レリ、養（は）レて深-窓に在レバ人未ダ識（ら）ズ天の生セル麗《ナ》-質ナレ（は）［（別）を］自《ヲ(のづから)》［（別）に］-棄（て）難シ、一-朝に選バレて君王の側《カタハラ》に在（り）

課題15・2 ［読み下し文（例）］

十二年（の）春正月（の）戊戌（の）朔（に）始（めて）冠位を［於］諸臣（に）賜（ふこと）各差有（り）。●夏四月（の）丙寅（の）朔（の）戊辰（に）皇太子・親《ミツカ》ラ・肇《ハシ》メて憲《(左)イック》シキ法・十七条《トヲアマリナ、ヲチツク》作リタマフ。一（に）曰（はく）和《ヤハ》ラキを以て貴と為シ・忤《サカ》フルこと無（きを）宗と為。人皆黨《タムラ》有（り）。亦達《サト》リ［者］少（し）。是（を）以て或（い）は君父《カソ》に順（は）不。乍《マタ》［于］隣里《ヒト、ナリ》（に）違（ふ）。然（も）・上和《ヤ(は)》（らき）・下睦《ムツ》ヒて事を［於］論《アケツラ》フ（に）諧《カナ》フルトキハ・［則］事《コ》-理《ト》自（ら）に通《カヨ》フ。何事か成（ら）不（ら）む。二（に）曰（はく）・篤《ア(つ)》（く）三(去)宝(平)（を）敬《キヤマ》ヒ（を＝不審）々々（三宝）（とは）・［者］・仏法僧《ホトケノリホフシ》（なり）［也］。［則］四の生《ウマ》レノ［之］終の帰《ヨリトコロ》・万（の）国（の）極（めの）宗ナリ。何（の）世何（の）人是の法《ミノリ》を貴（ひ）非（あら）む。人尤《ハナハ》タ悪《ア》シキモノ鮮《スクナ》シ。能（く）教《オシ》フルヲモて従（ふ）［之］。其（れ）・三宝に帰《(よ)》（ら）不（は）・何（を）以て枉《マカ》レルを直（さむ）・

合符　漢文訓読の中で、漢字の熟合を示すために付ける符号。平安時代後期以降、「-」を漢字と漢字の間の中央に付すと音読みを示し（音合符）、左寄せに付すと訓読みを示す（訓合符）という書き分けが生じ、江戸時代まで続いた。

鎌倉時代中期に加点された久遠寺本『本朝文粋』では、音訓を示すということのほかに、字間の中央に付すと漢音で読む熟語、右寄せで付すと呉音で読む熟語であることを示すというものもある。

朱引　人名・地名・年号・書名などの固有名詞を示す、漢字と漢字の間に引いた朱書の線をいう。

- 人名　…中央に一条
- 地名　…右一条
- 官職名…左一条
- 書名　…中央二条
- 年号　…左二条
- 国名　…右二条

室町時代以降、江戸時代にかけて用いられた。

練習問題15

（1）正宗敦夫文庫本『長恨歌』（正安二年写）（本書一二八頁）の続き（「回眸一笑百媚生」以下の部分）を、一二一ページの作成法にしたがって読み下し文を作成しなさい。

（2）『文選』元徳二年点（天理図書館、本書一三一頁）を、一二一ページの作成法にしたがって一行目「厖眉耆耇之老」以下の部分の読み下し文を作成しなさい。ヲコト点図および仮名字体表は一四四ページを参照すること。

［本文］

莫不霑濡厖眉耆耇之老咸愛惜
朝夕願済須臾且観大化之淳流於
是皇沢豊沛主恩満溢百姓歓欣
中和感発是以作歌而詠之也伝曰
詩人感而後思々而後積々而後満
而後作言之不足故嗟嘆之嗟嘆之不足故詠歌之々々々不厭
不知手之舞之足踏之也此臣子於君

（王褒「四子講徳論」部分）

影印資料一覧

一．日本書紀　巻二十四【岩崎本】（部分（複製）、十〜十一世紀写。原本は京都国立博物館所蔵、復刻日本古典文学館〈第1期〉『日本書紀』〈巻第二十四（皇極）〉一九七二年、日本古典文学会）

二．長恨歌【正宗敦夫文庫本】（部分（複製）、正安二（一三〇〇）年写。ノートルダム清心女子大学所蔵、『ノートルダム清心女子大学古典叢書　長恨歌：正宗敦夫文庫本』一九八一年、ノートルダム清心女子大学古典叢書刊行会）

三．古文尚書　巻第四（天理図書館所蔵、『天理圖書館善本叢書　漢籍之部　第一巻　古文尚書　荘子音義』一九八二年、天理大学出版部）

四．文選　巻二十六（天理図書館所蔵、『天理圖書館善本叢書　漢籍之部　第二巻　文選　趙志集　白氏文集』一九八〇年、天理大学出版部）

五．大唐大慈恩寺三蔵法師伝（天理図書館所蔵、『天理圖書館善本叢書　漢籍之部　第五巻　西域求法高僧伝集』一九八〇年、天理大学出版部）

六．白氏文集（天理図書館所蔵、『天理圖書館善本叢書　漢籍之部　第二巻　文選　趙志集　白氏文集』一九八〇年、天理大学出版部）

七．類聚名義抄【観智院本】（天理図書館所蔵、『天理圖書館善本叢書　和書之部　第三十二巻　類聚名義抄』二〇〇六年、天理大学出版部）

八．史記【延久本】（東北大学附属図書館所蔵、『孝文本紀』一九五四年、貴重古典籍刊行会）

九．日本書紀　巻二十二【書陵部本】（『宮内庁書陵部本影印集成：3　日本書紀』二〇〇六年、八木書店）

十．恵果和上之碑文（東京大学国語研究室所蔵、『東京大学国語資料研究室叢書（16）古訓點資料集（二）』一九八六年、汲古書院）

十一．菅家文草　巻二（佐藤信一氏蔵、元禄十三（一七〇〇）年）

十二．論語集註（四書集註）【道春点】（林　信勝（羅山）（点）。東京都立中央図書館所蔵、元禄三（一六九〇）年）

十三．四書集註　論語一【一斎点】（佐藤一斎（点）。齋藤文俊蔵、文化十四（一八一七）年序、安政二（一八五五）刊）

十四．訓点復古（日尾荊山、内閣文庫蔵、刊本（序刊）、天保六（一八三五）年）

ヲコト点図資料一覧

1．古文尚書（『天理圖書館善本叢書　漢籍之部　第一巻　古文尚書　荘子音義』一九八二年、天理大学出版部）

2．文選（『天理圖書館善本叢書　漢籍之部　第二巻　文選　趙志集　白氏文集』一九八〇年、天理大学出版部）

3．大唐大慈恩寺三蔵法師伝（『天理圖書館善本叢書　漢籍之部　第五巻　西域求法高僧伝集』一九八〇年、天理大学出版部）

4．白氏文集（『天理圖書館善本叢書　漢籍之部　第二巻　文選　趙志集　白氏文集』一九八〇年、天理大学出版部）

5．日本書紀（『平安時代訓點本論考ヲコト點圖假名字體表』築島裕、一九八六年、汲古書院）

6．恵果和上之碑文（『東京大学国語資料研究室叢書（16）古訓點資料集（二）』一九八六年、汲古書院）

皇大驚詔中大兄曰不知所作有何事耶
中大兄伏地奏曰鞍作盡滅天宗将傾日
位豈以天孫代鞍作乎（蘇我臣入鹿更名鞍作以上九字注）天皇即起入於殿
中佐伯連子麻呂稚犬養連網田斬入鹿
臣是日雨下潦水溢庭以席障子覆鞍
作屍古人大兄見走入私宮謂於人曰韓人
殺鞍作臣（謂因韓政而誅）吾心痛矣即入臥内杜門

漢皇重色思傾國
楊家有女初長成
天生麗質難自棄
迴眸一笑百媚生
春寒賜浴華清池
侍兒扶起嬌無力

御宇多年求不得
養在深閨人未識
一朝選在君王側
六宮粉黛無顔色
溫泉水滑洗凝脂
始是新承恩澤時

雲鬢花顏金步搖

春宵苦短日高起

承歡侍宴無閑暇

漢宮佳麗三千人

金屋粧成嬌侍夜

姉妹兄弟皆列土

芙蓉帳暖度春宵

従此君王不早朝

春従春遊夜専夜

三千寵《テウ》愛在一身

玉楼宴罷酔和春

可憐光彩《サイ》生門戸

尚書太甲上第五　商書　孔氏傳

太甲既立弗明（不用伊尹之訓不明居喪之礼也）伊尹放諸桐（湯葬地也不知朝政故曰放也）三年復歸于亳思庸（念常道也）伊尹作太甲三篇

太甲（戒太甲故以名篇也）

惟嗣王弗惠于阿衡（阿倚衡平也言不順伊尹之訓也）伊

疣雜也謂眉有白黒雜色也

莫不霑濡疣眉耆耇之老咸愛惜
朝夕願濟須臾且觀大化之淳流於
是皇澤豐沛主恩滿溢百姓歡欣
中和感發是以作歌而詠之也傳曰
詩人感而後思々々而後積々々而後積
而後滿遂故詠歌之々々不厭
不知手之舞之足蹈之也臣子於君

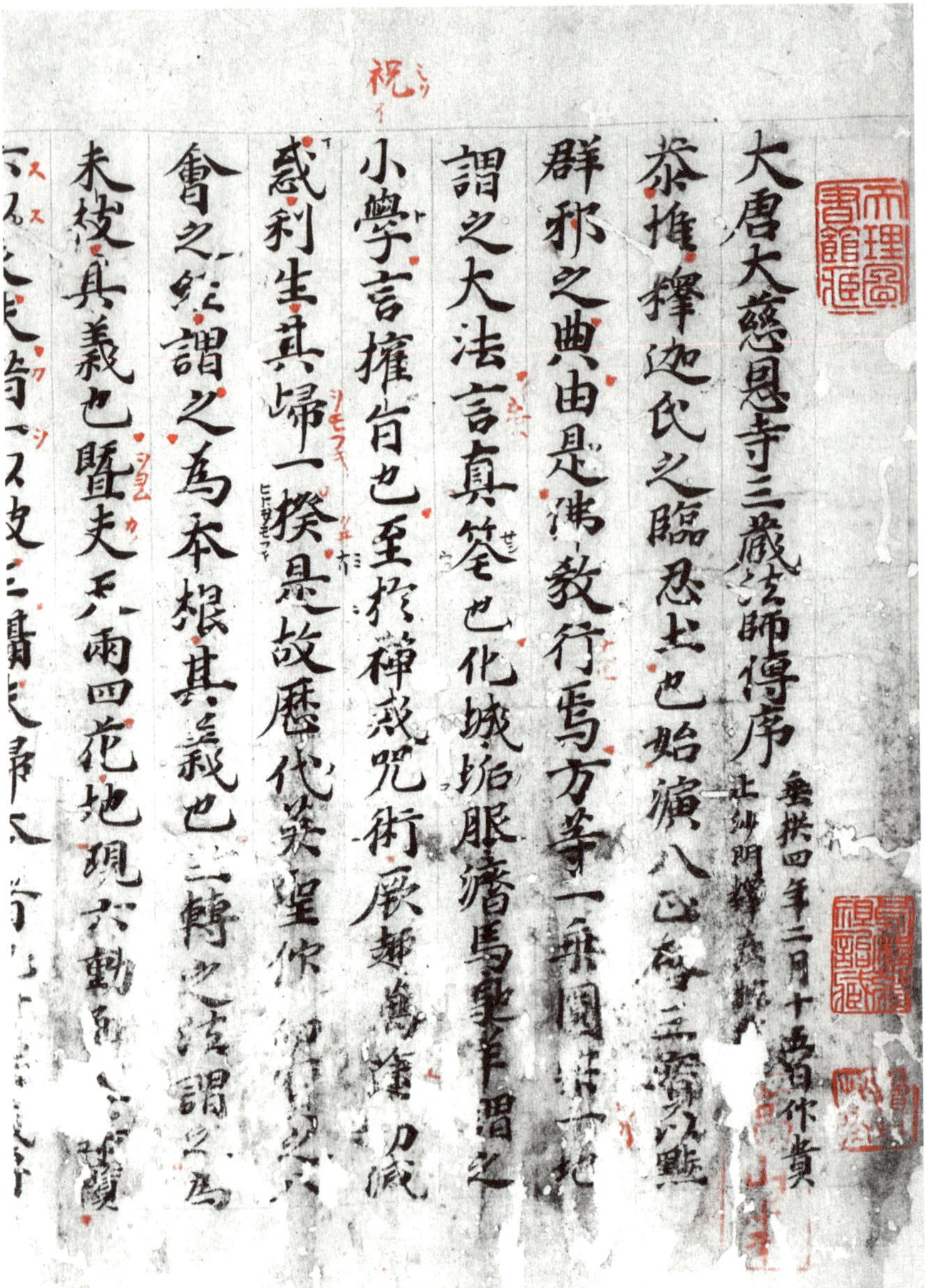

大唐大慈恩寺三藏法師傳序　垂拱四年二月十五日作貴
沙門釋彥悰述
苾蒭釋迦氏之臨忍土也始演八正以駐
群邪之典由是佛教行焉方等一乘圓宗十地
謂之大法言真筌也化城垢服漸馬羊車謂之
小學言權旨也至於禪戒咒術厭魅魔鎮乃藏
感利生其歸一揆是故歷代英賢仰
會之於空謂之為本根其義也三轉之法謂之為
未校其義也暨夫天雨四花地現六動

婿乃官可華陰縣令

唐州刺史崔彪授王府長史楊歸厚授唐州刺史

劉景授雅州刺史制

勅崔彪等善官人者先務其能然後以事使輪轅桷各適

其用則群職廢政得以修今以彪官久年高為政偃從

偃遲入補群官以歸厚文行器能辱在巴峡勵精為理績茂

課高區區万州豈盡所用且移大郡稍展其才以景累著

戎城通詳吏事而南物土風不周知習俗從宜宜尋嚴道分

令以識分用所之長

俜 普定反 俜丶
丨孤 カタミナミニコ
俜 若
偃 偃上
傳 儯 僳 下若
偬 子弄反 タシナム キハアムヒリ
𠈌 猴上 偶上 ミツ シツル
伍 之威反 懼丶 遽丶

偏 上 篇 ヒトヘニ カタハラ カタツカハノ ナヲオモテ アマネシ サカル ニツ ムヘリ マカル ソツヒ トモカラ ヤキアカメ タスク カタフク ミノヤミ ムサカル ヒトツ ヒトリ
俟 俊 下若 力計反 モトル ソムク タカフ イ乞 ニカム イカル
偎 子 ネラハヘ
偏 扁上 カトキ トヒラ サカユ
相裂反 尚字
偬 偬 キムアムヒリ 下 極上
偯 於斬反 若上 偯

倨 若勤字 アタアキ
偈 他盍反 悪丶
伀 青公反 又作忪 遽丶 利丶 急丶
偬 上字 誤作欽
傱 傱 二若 傱字
傯 字兹反 又呂 専又 今云

偃 振 之仁反 ネラハヘ 奴蔦又
傃 僚 僚 上 願 點丶
偹 上 タウ
儆 相客又 懶丶
伈 先枕反 オツル
偓 ヒフ
儯 儯 二若 儯字

孝文本紀第十　史記十

孝文皇帝　漢書音義曰諱恒也　高祖中子也高祖十一年春已破陳

豨軍定代地立爲代王都中都太后薄氏子也即位十七

年高后八年七月高后崩九月諸呂々産等欲爲亂以

危劉氏大臣共誅之謀召立代王事在呂后語中丞相

陳平太尉周勃等使人迎代々王々問左右郎中令張

武々等々議曰漢大臣皆故高帝時大將習兵多謀詐

此其屬意非止此也特畏高帝呂太后威耳今已誅

十二年春正月戊戌朔始賜冠位於諸臣
各有差夏四月丙寅朔戊辰皇太子親《ミツカラ》肇
作憲法十七條《トヲアマリナナヲチ》一曰以和為貴無忤為宗
人皆有黨《タムラ》亦少達者是以或不順君父《カソ》乍
違于隣里然上和下睦《ムツヒ》諧於論《アケツラフ》事則事理
自通《カヨフ》何事不成二曰篤敬《ヰヤマヒ》三宝三宝者佛

法僧也則四生之終歸萬國之極宗何世
何人非貴是法人鮮尤悪能教従之其不
歸三寶何以直枉三日承詔必謹君則天
之臣則地之天覆地載四時順行万氣得
通地欲覆天則致壊耳是以君言臣承上
行下靡故承詔必慎不謹自敗四日羣卿

疑滯請為決之大師則依法呼召解紛如流皇帝
歎之曰龍子雖少能解下雨斷言不虛左右書紳
入朝小師于今見矣從尒已還驟驤迎送四事不
缺年滿進具孜々照雪三藏教海波濤脣吻五部
觀鏡照曜靈臺洪鍾之響隨機卷舒空谷之應
逐器行藏始則四分秉法後則三密灌頂弥
天辯鋒不能交刃炙輠智象誰敢擬度是

及第雖有先後、猶是一時。余即爲著作郎、至元慶。君又爲之。故云二代。更聞高才一官老、孟堅著作兼去声蘭臺。

夏日偶興

天放一身不繫維、雨晴好是得佳期。三官遊分知恩日、六暇逢閑任意時。臥見新圖臨水障、行吟古集納涼詩。區區心地無煩熱、唯有夢中阿滿悲。先是有夢阿滿之詩。

見渤海裴大使眞圖有感

自送裴公萬里行、相思每夜夢難成。眞圖對我

論語卷之一

朱熹集註

學而第一

此爲書之首篇。故所記多務本之意。乃入道之門、積德之基。學者之先務也。凡十六章

子曰。學而時習之。不亦說乎。

說悅同

學之爲言效也。人性皆善。而覺有先後。後覺者必效先覺之所爲。乃可以明善而復其初也。習鳥數飛也。學之不已。如鳥數飛也。說喜意也。既學而又時時習之。則所學者熟。而中心喜說。其進自不能已矣。程子曰。習重習也。時復思繹。浹洽於中。則說也。又曰。學者將以

論語集注卷一

學而第一

此爲書之首篇。故所記多務本之意。乃入道之門。積德之基。學者之先務也。

凡十六章。

子曰學而時習之不亦說乎。說悅同。○學之爲言效也。人性皆善。而覺有先後。後覺者必效先覺之所爲。乃可以明善而復其初也。習鳥數飛也。學之不已。如鳥數飛也。說喜意也。既學而又時時習之。則所學者熟。而中心喜說。其進自不能已矣。程子曰。習重習也。時復思繹浹洽於中。則說也。又曰學者將以行之也。時習之則所學者在我。故說。謝氏曰時習者無時而不習。坐如尸。坐時習也。立如齊。立時習也。

有朋自遠方來不亦樂乎。樂音洛。○朋同類也。自遠方來。則近者可知。程子曰。以善及人而信從者衆。故可樂。又曰。說在心。樂主發散在外。

人不知而不慍

分ニ勝手ヲ止テ、淂ト攷《カンガヘ》テ見テ是《シ》非《ヒ》ノ差《シヤ》別《ベツ》ヲ知

ルベシ、

子夏曰、賢賢易色、事父母、能竭其力、事君能致其身、

云云、

此通《トホ》リ讀メバ、父母ニ事ルト、能其力ヲ竭スト、

ニツニ成リ、君ニ事ルト、其身ヲ致スト、二ツニ

成テシマフ也、是モ只淂《ゼヒ》事《ツカウテ》ツルニト讀《ヨマ》子バナ

ラヌヿナガラ、止《ヤム》ヿヲ淂ズンバ、事《ツカ》ヘテト讀ベ

シ、サナケレバ、下ヘカヽル詞ニハ成ラヌ也、事《ツカ》

ヘト云ヘバ、下ニ留《トマ》ルテニヲハが無《ナケ》レバナラ

訓点復古　巻下　三

古文尚書　巻四

鎌倉時代後期点

所用ヲコト点図

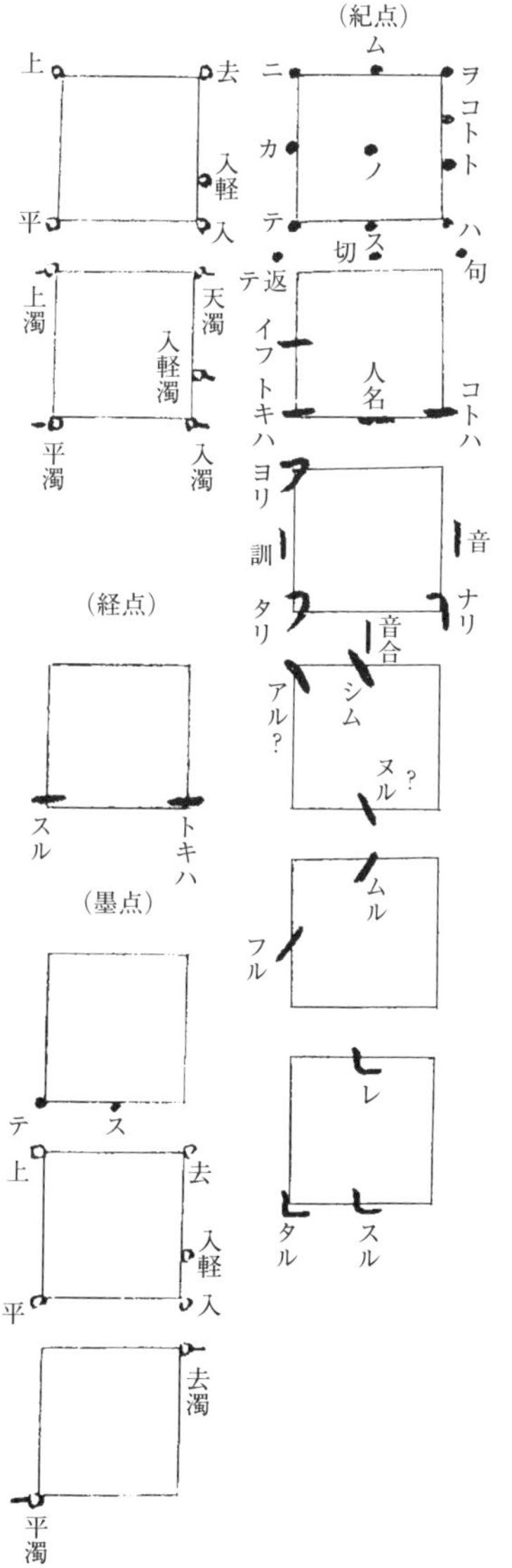

所用仮名字体表

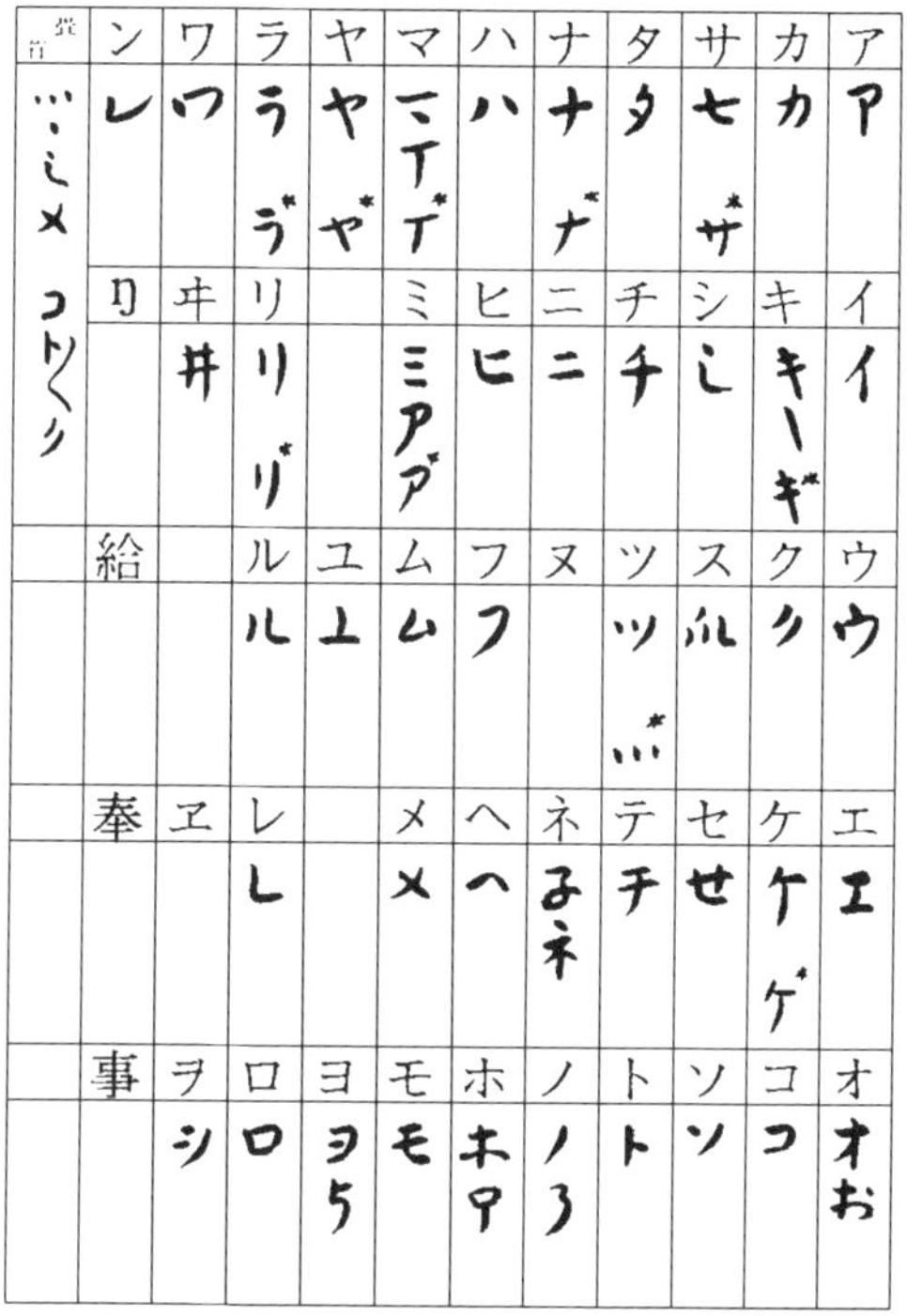

＊は別筆墨書

［装幀］　巻子本
［書写年］　鎌倉時代後期写
［加点年代］　鎌倉時代後期加点
［ヲコト点］　紀点・経点

文選　巻第二十六　元徳二年点

所用仮名字体表

ア	カ	サ	タ	ナ	ハ	マ	ヤ	ラ	ワ	ン	畳符
ア	カ	セ サ	タ 「タ」	ナ	ハ	丁	ヤ	ラ	ワ 〈〉 禾	ン	ム、ム コト く 〻 〱 ハヽ ヽ
イ	キ	シ	チ	ニ	ヒ	ミ		リ	井	[illegible]	
イ	キ	し	チ	ニ 尓	ヒ	ミ ミア 「ミ」		リ	井		
ウ	ク	ス	ツ	ヌ	フ	ム	ユ	ル		給	時
ウ	ク	ス 爪	ツ	ヌ	フ	ム	ユ	ル			时
エ	ケ	セ	テ	ネ	ヘ	メ		レ	ヱ	奉	音
エ	ケ	せ 戈	チ テ	子 子 ネ	ヘ	メ 「メ」		レ	ヱ		六 し
オ	コ	ソ	ト	ノ	ホ	モ	ヨ	ロ	ヲ	事	去
オ	コ	ソ	ト	ノ ろ 「ノ」	ホ	モ モ も 「モ」	ヨ 与	ロ	シ		云

「」は朱書

所用ヲコト点図

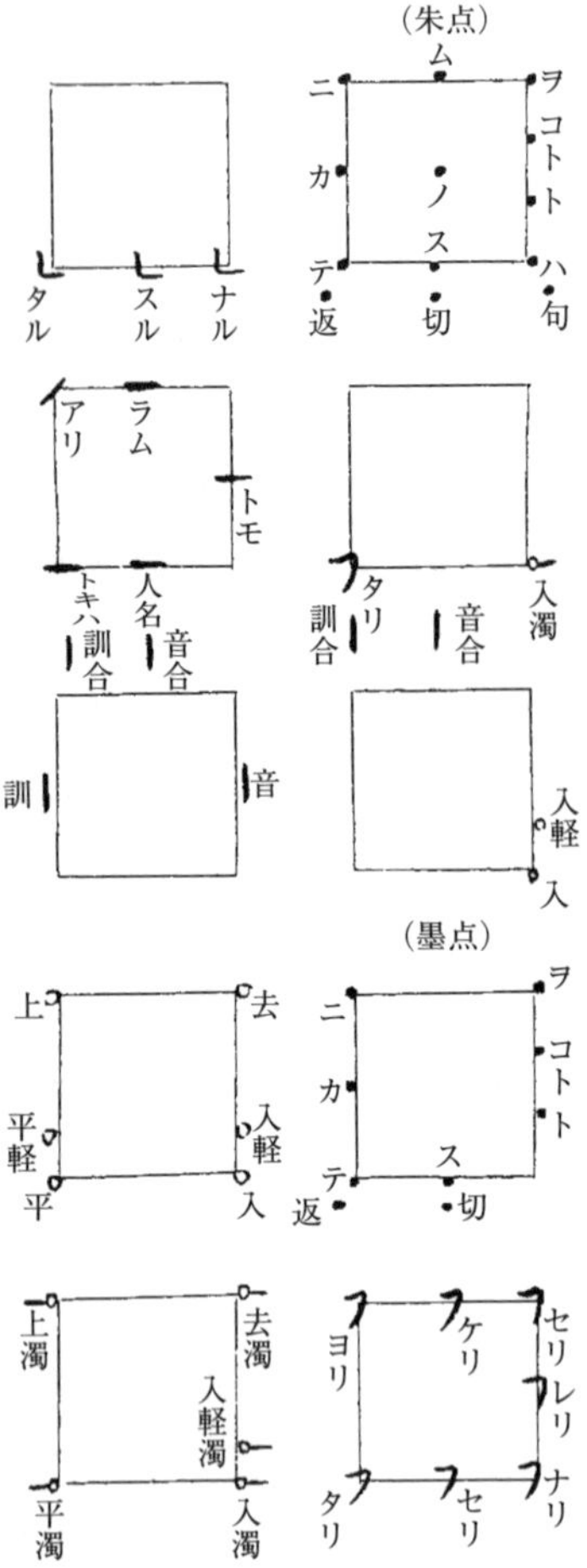

［装幀］巻子本
［書写年］元徳二（一三三〇）年写
［加点年代］元徳二年加点
［ヲコト点］紀点

大唐大慈恩寺三蔵法師伝　巻第一

院政期点　朱点　所用仮名字体表

段	字体	段	字体	段	字体	段	字体	段	字体
ア	ア	イ	イ	ウ	ウ	エ	エ	オ	オ
カ	カ	キ	キ	ク	ク	ケ	ケ	コ	コ
サ	サ	シ	シ	ス	ス	セ	セ	ソ	ソ
タ	タ	チ	チ	ツ	ツ	テ	テ	ト	ト
ナ	ナ	ニ	ニ	ヌ	ヌ	ネ	ネ	ノ	ノ
ハ	ハ	ヒ	ヒ	フ	フ	ヘ	ヘ	ホ	ホ
マ	マ	ミ	ミ	ム	ム	メ	メ	モ	モ
ヤ	ヤ			ユ	ユ			ヨ	ヨ
ラ	ラ	リ	リ	ル	ル	レ	レ	ロ	ロ
ワ	ワ	ヰ	ヰ			ヱ	ヱ	ヲ	ヲ
ン	ン	ŋ		給		奉		事	
畳符	コヽニ			イフ	云	コヽロ	心	ゴトシ	如

古点　墨点　所用仮名字体表

段	字体	段	字体	段	字体	段	字体	段	字体
ア	ア	イ	イ	ウ	ウ	エ		オ	
カ	カ	キ	キヽ	ク	ク	ケ	ケ	コ	コ
サ	サ	シ	シ	ス	ス	セ	セ	ソ	ソ
タ	タ	チ		ツ	ツ	テ	テ	ト	ト
ナ	ナ	ニ	ニ	ヌ	ヌ	ネ	ネ	ノ	ノ
ハ	ハ	ヒ	ヒ	フ	フ	ヘ		ホ	ホ
マ	マ	ミ		ム	ム	メ		モ	モ
ヤ	ヤ			ユ				ヨ	ヨ
ラ	ラ	リ	リ	ル	ル	レ	レ	ロ	ロ
ワ	ワ	ヰ	ヰ			ヱ	ヱ	ヲ	ヲ
ン	ン	ŋ		給		奉		事	
畳符	タヽ　ホトヽニ								

朱点　所用ヲコト点図

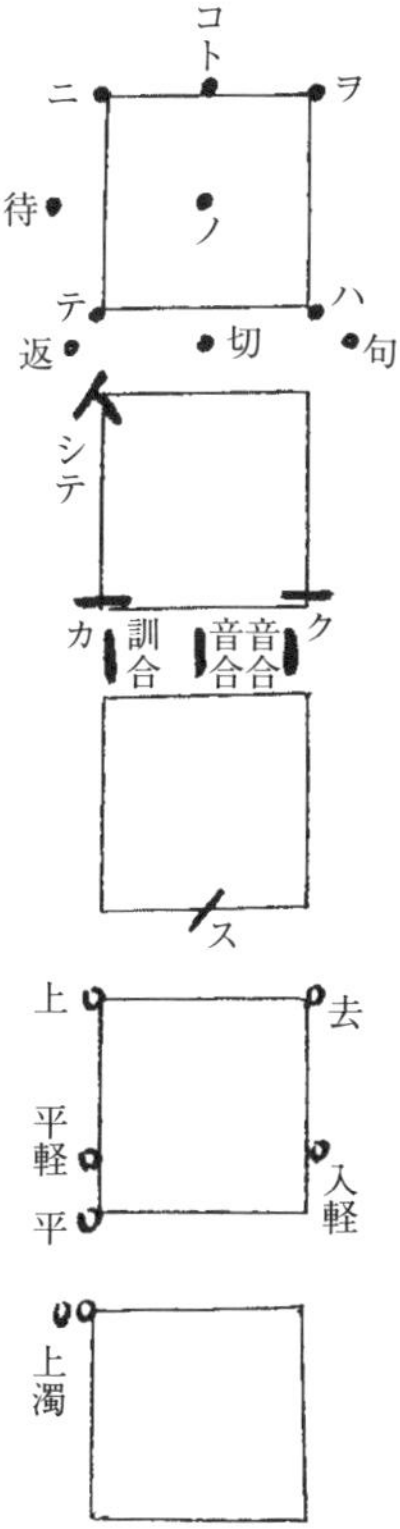

〔装幀〕巻子本
〔書写年〕平安時代後期写
〔加点年代〕院政期加点
〔ヲコト点〕円堂点

白氏文集　巻第三十三　貞永二年点

所用ヲコト点図

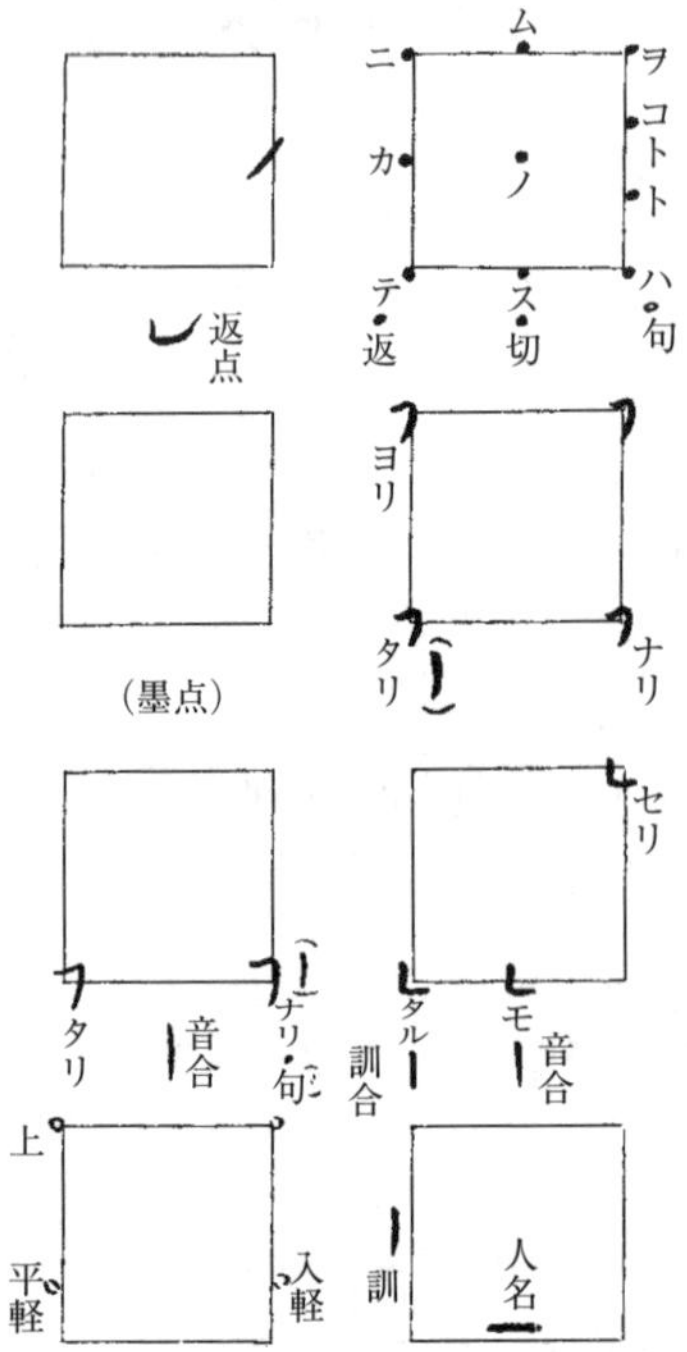

所用仮名字体表

「」は朱点

［装幀］巻子本
［書写年］寛喜三（一二三一）年写
［加点年代］貞永二（一二三三）年加点
［ヲコト点］古紀伝点

日本書紀　平安時代中期点

所用ヲコト点図

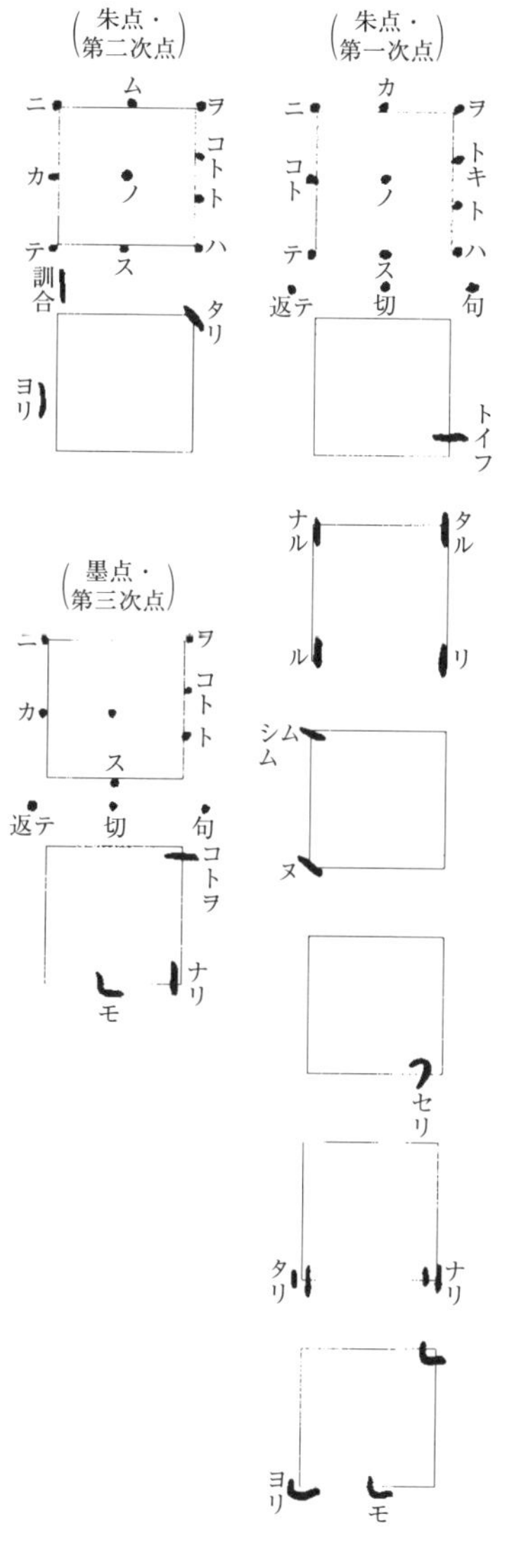

所用仮名字体表

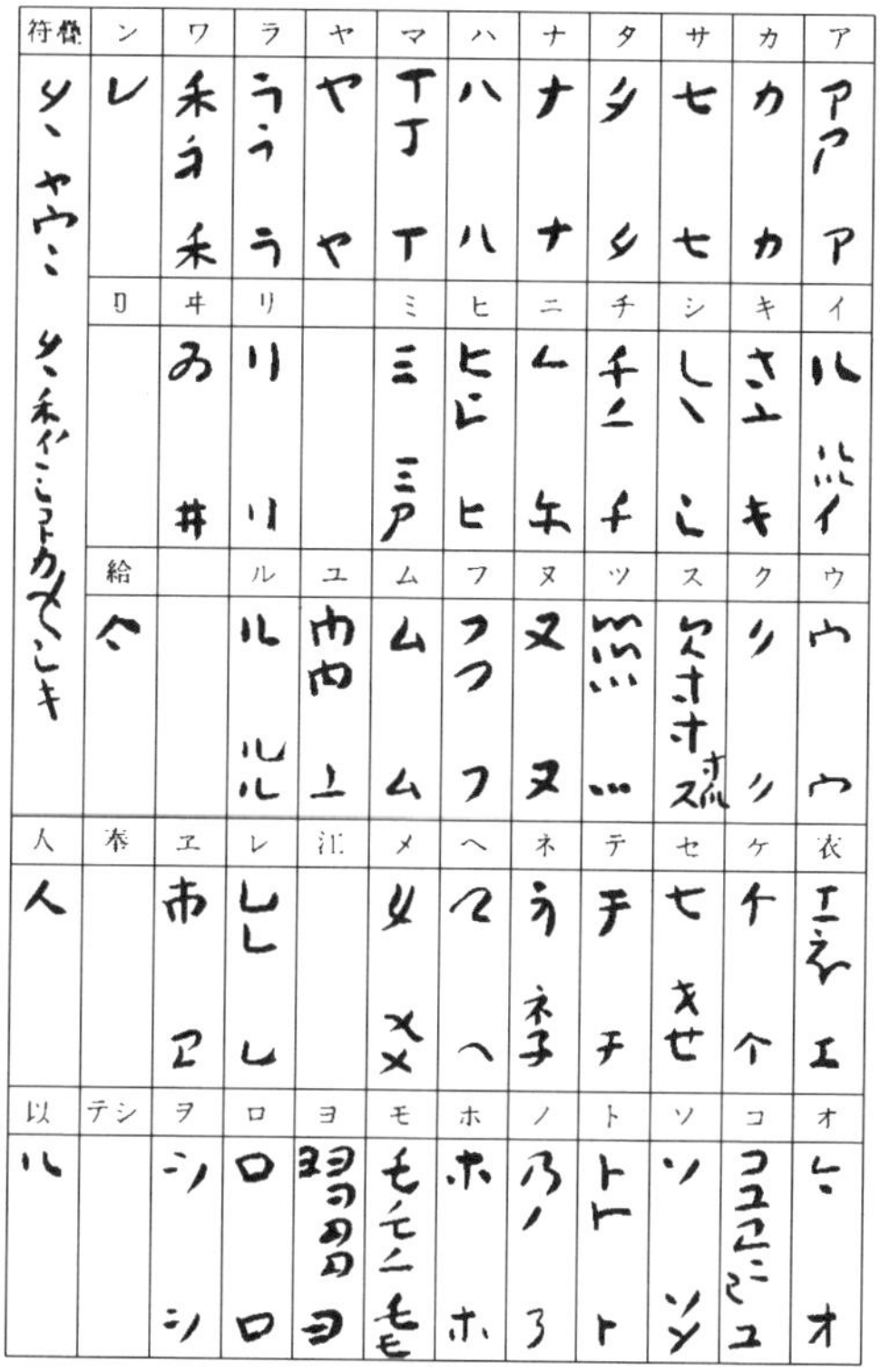

［装幀］巻子本
［書写年］平安時代初期写
［加点年代］平安時代中期加点
［ヲコト点］第五群点　朱・墨

恵果和上之碑文　平安時代後期点

所用仮名字体表

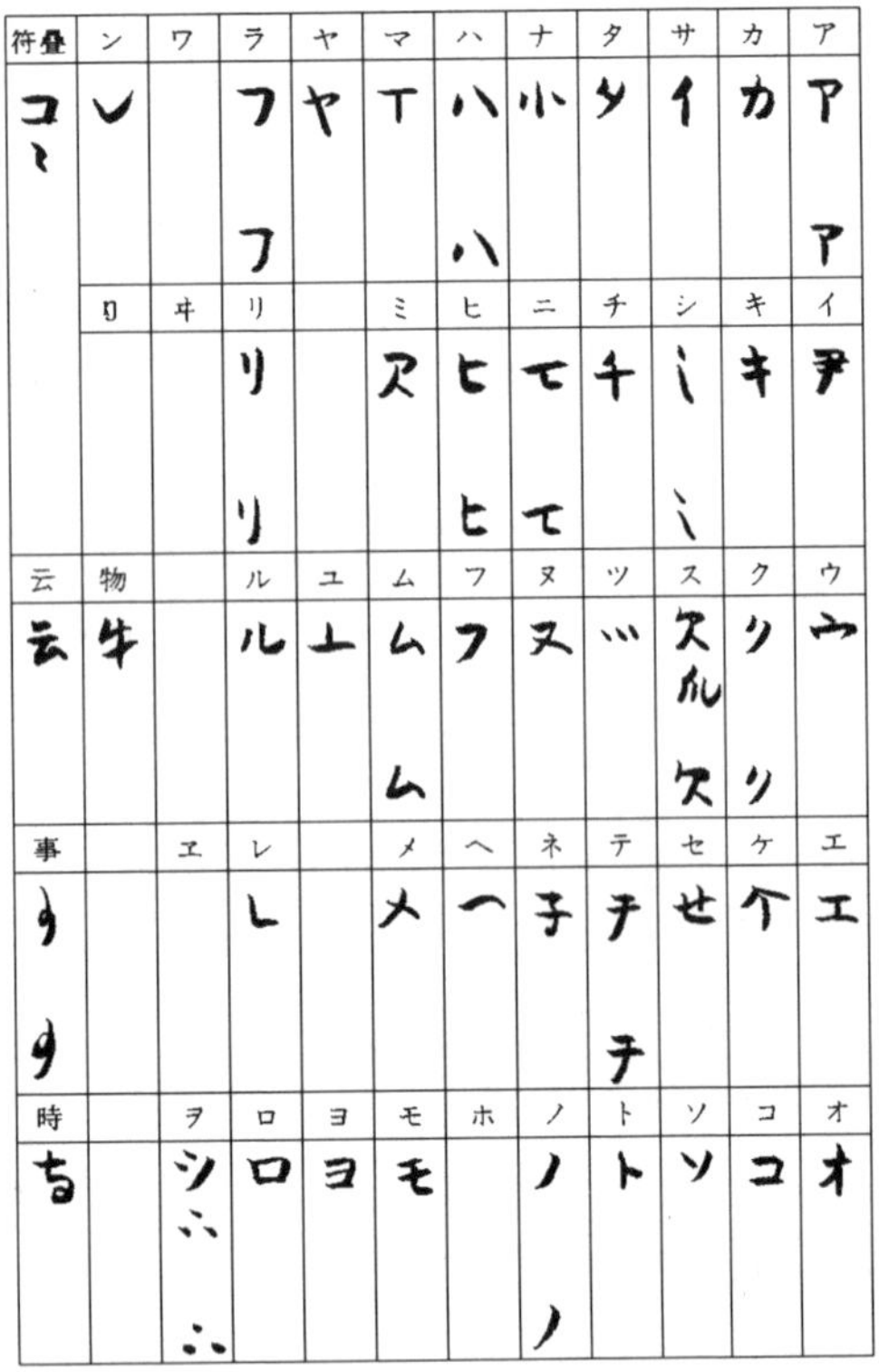

所用ヲコト点図

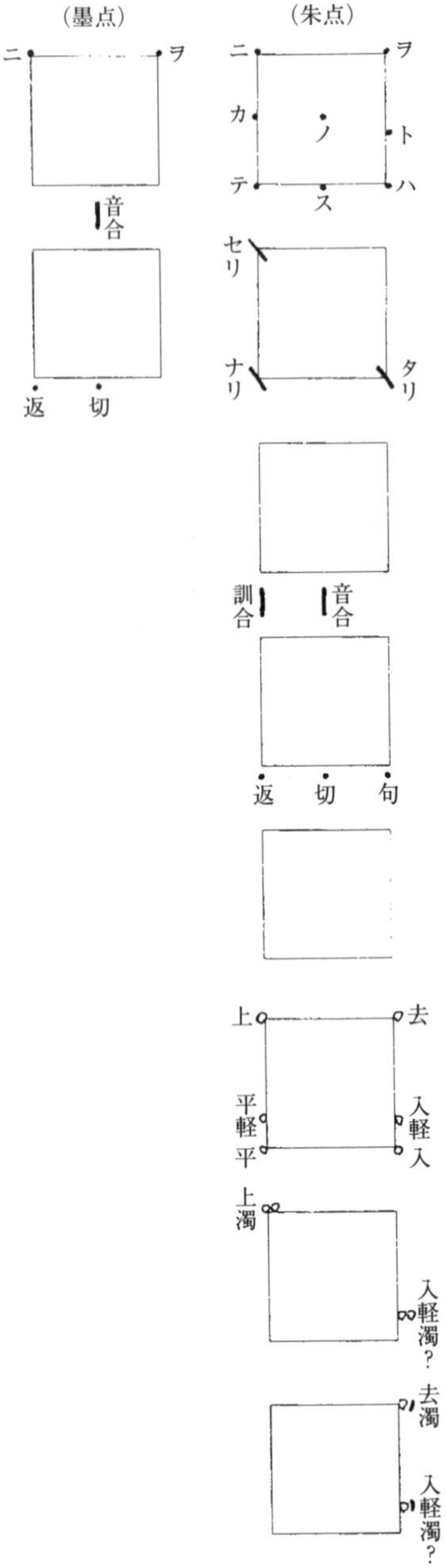

［装幀］　巻子本

［書写年］　平安時代中期写

［加点年代］　平安時代後期加点

［ヲコト点］　第五群点　朱点・墨点

平仄の規則

○…平声　●…仄声　◐…いずれでも可。◎…押韻

（1）七言絶句の平仄法の原理

七言詩では「二六対」「二四不同」「一三五不論」の原則があるから、起句の二字目が平声であれば、次のようになる。

・四字目は仄声、六字目は平声。

・一・三・五字目はどちらでもよい。

・ただし、七字目は押韻、すなわち原則として平声であるから、五字目以下は「下三平」を避けて、●○◎となる。

このことから、「◐○◐●●○◎」が導かれる。承句は粘綴によって二・四・六字目が逆の「◐●◐○◐●◎」となる。転句は粘法によって六字目までは「◐●◐○◐●」となるが、七字目は韻を踏まず仄声となることから、「下三連」を避けると五字目は平声字となる（これを「踏み落し」という）。すなわち「◐●◐○○●●」となる。結句は反法によって起句と同じ「◐○◐●●○◎」となるのである。

このような原則に基づいて、絶句・律詩の平仄をまとめて図示すると次の（2）（3）のようになる。

（ここでは、押韻が平韻の場合を示し、仄韻は省略する）

（2）絶句の平仄

①平起式

・五言

勧酒　于武陵

◐○○●●　勧君金屈卮（●○○●◎）
◐●●○◎　満酌不須辞（●●●○◎）
◐●○○●　花発多風雨（○●○○●）
◐○◐●◎　人生足別離（○○●●◎）

（「卮・辞・離」平声支韻）

酒を勧む　于武陵

君に勧む金屈卮《し》　満酌辞するを須《もち》ゐず
花発《ひら》けば風雨多く　人生きては別離足《み》つ

・七言

涼州詞　王翰

◐○◐●●○◎　葡萄美酒夜光杯（○○●●●○◎）
◐●◐○◐●◎　欲飲琵琶馬上催（●●○○●●◎）
◐●◐○○●●　酔臥沙場君莫笑（●●○○○●●）
◐○◐●●○◎　古来征戦幾人回（●○○●●○◎）

（「杯・催・回」平声灰韻）

涼州の詩　王翰

葡萄の美酒夜光の杯　飲まんと欲して琵琶馬上に催す
酔ひて沙場に臥す君笑ふこと莫れ　古来征戦幾人か回《かへ》る

②仄起式

・五言　登鸛鵲楼　王之渙

◐●○○●　白日依山尽（●●○○●）
◐○◐●◎　黄河入海流（○○●●◎）
◐○○●●　欲窮千里目（●○○●●）
◐●●○◎　更上一層楼（●●●○◎）

（「流・楼」平声尤韻）

鸛鵲楼に登る　王之渙

白日山に依りて尽き　黄河海に入りて流る
千里の目を窮めんと欲し　更に上《のぼ》る一層の楼

・七言　楓橋夜泊　張継

◐●◐○◐●◎　月落烏啼霜満天（●●○○○●◎）
◐○◐●●○◎　江楓漁火対愁眠（○○○●●○◎）
◐○◐●○○●　姑蘇城外寒山寺（○○○●○○●）
◐●◐○◐●◎　夜半鐘声到客船（●●○○●●◎）

（「天・眠・船」平声先韻）

楓橋夜泊　張継

月落ち烏啼きて霜天に満ち　江楓漁火愁眠に対す
姑蘇城外寒山寺　夜半の鐘声客船に到る

（3）律詩の平仄

①平起式

・五言　草　白居易

◐○○●●　離離原上草（○○○●●）
◐●●○◎　一歳一枯栄（●●●○◎）
◐●○○●　野火焼不尽（●●○●●）
◐○◐●◎　春風吹又生（○○○●◎）
◐○○●●　遠芳侵古道（●○○●●）
◐●●○◎　晴翠接荒城（○●●○◎）
◐●○○●　又送王孫去（●●○○●）
◐○◐●◎　萋萋満別情（○○●●◎）

（「栄・生・城・情」平声庚韻。第三句「二四同」）

草　白居易

離離たり原上の草　一歳に一たび枯栄す
野火焼けども尽きず　春風吹きて又生ず
遠芳古道を侵し　晴翠荒城に接す
又王孫の去るを送れば　萋萋として別情満つ

・七言　題宣州開元寺水閣　杜牧

◐○◐●●○◎　六朝文物草連空（●○○●●○◎）
◐●◐○◐●◎　天淡雲開今古同（○●○○○●◎）
◐●◐○○●●　鳥去鳥来山色裏（●●●○○●●）
◐○◐●●○◎　人歌人哭水声中（○○○●●○◎）

◑○◐●○○●　深秋簾幕千家雨（○○○●○○●）
◑●◐○◑●◎　落日楼台一笛風（●●○○●●◎）
◑●◐○○●●　惆悵無因見范蠡（●●○○○●●）
◑○◐●●○◎　参差煙樹五湖東（○○○●●○◎）
（「空・同・中・風・東」平声東韻）

宣州開元寺の水閣に題す　杜牧

六朝の文物草空に連なる　天淡く雲開きて今古同じ
鳥去り鳥来る山色の裏　人歌ひ人哭す水声の中《うち》
深秋簾幕千家の雨　落日楼台一笛の風
惆悵す范蠡《はんれい》を見るに因《よし》無きを　参差《しんし》たる煙樹五湖の東

②仄起式

・五言

春　望　杜甫

◑●○○●　国破山河在（●●○○●）
◑○◐●◎　城春草木深（○○●●◎）
◑○○●●　感時花濺涙（●○○●●）
◑●●○◎　恨別鳥驚心（●●●○◎）
◑●○○●　烽火連三月（○●○○●）
◑○◐●◎　家書抵万金（○○●●◎）
◑○○●●　白頭掻更短（●○○●●）
◑●●○◎　渾欲不勝簪（○●●○◎）
（「深・心・金・簪」平声侵韻）

春望　杜甫

国破れて山河在り　城春にして草木深し
時に感じては花にも涙を濺《そそ》ぎ　別れを恨んでは鳥にも心を驚かす
烽火三月に連なり　家書萬金に抵《あた》る
白頭掻《か》けば更に短く　渾《す》べて簪《しん》に勝《た》えざらんと欲す

・七言

遊山西村　陸游

◑●◐○◑●◎　莫笑農家臘酒渾（●●○○●●◎）
◑○◐●●○◎　豊年留客足鶏豚（○○○●●○◎）
◑○◐●○○●　山重水複疑無路（○○●●○○●）
◑●◐○◑●◎　柳暗花明又一村（●●○○●●◎）
◑●◐○○●●　簫鼓追随春社近（○●○○○●●）
◑○◐●●○◎　衣冠簡朴古風存（○○●●●○◎）
◑○◐●○○●　従今若許間乗月（○○●●○○●）
◑●◐○◑●◎　拄杖無時夜叩門（●●○○●●◎）
（「渾・豚・村・存・門」平声元韻）

山西の村に遊ぶ　陸游

笑ふこと莫れ農家臘酒の渾《にご》るを　豊年客を留めて鶏豚足る
山重水複　路無きかと疑ふ　柳暗花明　又一村
簫鼓《せうこ》追随春社近く　衣冠簡朴古風存す
今より若し間に月に乗ずるを許さば　杖を拄《ささ》へて時と無く夜門を叩かん

（4） 七言と五言の関係

五言絶句の平仄は七言絶句のそれぞれの句の上二字を除いて、起句を「踏み落し」にしたものである。

◁（仄起式）

・平起式
七言
◑○◐●●○◎
◑●◐○◑●◎
◑●◐○○●●
◑○◐●●○◎

← ・仄起式
五言
◑●○○●
◑○◐●◎
◑○○●●
◑●●○◎

初句の五字目が仄声になるため、「孤平」を避けると三字目が平声となる。

◁（平起式）

・仄起式
七言
◑●◐○◑●◎
◑○◐●●○◎
◑○◐●○○●
◑●◐○◑●◎

← 平起式
五言
◑○○●●
◑●●○◎
◑●○○●
◑○◐●◎

初句の五字目が仄声になるため、「下三連」を避けると三字目が平声となる。

すなわち、七言絶句平起式の上二字を除くと、五言絶句の仄起式に、七言絶句仄起式の上二字を除くと、五言絶句の平起式になる。

（5） 絶句と律詩の関係

律詩の平仄法は基本的に粘綴に基づくため、結果的には絶句を繰り返すことで律詩の平仄ができていると言える。ただし、第五句は「踏み落し」によって七字目が仄声、五字目が平声となる。平起式について次に簡略に図示しておく。

七言絶句Ⅰ＋七言絶句Ⅱ → 七言律詩

◑○◐●●○◎（起Ⅰ）
◑●◐○◑●◎（承Ⅰ）
◑●◐○○●●（転Ⅰ）
◑○◐●●○◎（結Ⅰ）
◑○◐●●○◎（起Ⅱ）
◑●◐○◑●◎（承Ⅱ）
◑●◐○○●●（転Ⅱ）
◑○◐●●○◎（結Ⅱ）

↓

◑○◐●●○◎（起Ⅰ）
◑●◐○◑●◎（承Ⅰ）
◑●◐○○●●（転Ⅰ）
◑○◐●●○◎（結Ⅰ）
◑○◐○○○●（起Ⅱ'）
◑●◐○◑●◎（承Ⅱ）
◑●◐○○●●（転Ⅱ）
◑○◐●●○◎（結Ⅱ）

主要参考文献

大曽根章介（一九九八）『日本漢文学論集全3巻』汲古書院
春日政治（一九四二）『西大寺本金光明最勝王経古点の国語学的研究』斯道文庫（一九八五年勉誠社より復刊）
金　文京（二〇一〇）『漢文と東アジア　訓読の文化圏』岩波新書
小林芳規（一九六七）『平安鎌倉時代に於ける漢籍訓読の国語史的研究』東京大学出版会
小林芳規（二〇一一）『平安時代の仏書に基づく漢文訓読史の研究』（既刊3冊）汲古書院
齋藤文俊（二〇一一）『漢文訓読と近代日本語の形成』勉誠出版
齋藤希史（二〇〇五）『漢文脈の近代』名古屋大学出版会
齋藤希史（二〇〇七）『漢文脈と近代日本』日本放送協会
鈴木直治（一九七五）『中国語研究・学習双書12　中国語と漢文』光生館
築島　裕（一九六三）『平安時代の漢文訓読語につきての研究』東京大学出版会
築島　裕（一九八六）『平安時代訓点本論考―ヲコト点図仮名字体表』汲古書院
築島　裕（一九九六）『平安時代訓点本論考（研究篇）』汲古書院
中田祝夫（一九七九）『改訂古点本の国語学的研究　総論編』勉誠社
中村春作他編（二〇〇八）『「訓読」論　東アジア漢文世界と日本語』勉誠出版
中村春作他編（二〇一〇）『続「訓読」論　東アジア漢文世界の形成』勉誠出版
古田敬一（一九八二）『中国文学における対句と対句論』風間書房
峰岸　明（一九八六）『平安時代古記録の国語学的研究』東京大学出版会
峰岸　明（一九八六）『変体漢文』（国語学叢書）東京堂出版
堀畑正臣（二〇〇七）『古記録資料の国語学的研究』清文堂出版
三保忠夫（二〇〇四）『古文書の国語学的研究』吉川弘文館
村上雅孝（一九九八）『近世初期漢字文化の世界』明治書院
柳町達也（一九七八）『漢文読解辞典』（角川小辞典18）角川書店
山本真吾（二〇〇六）『平安鎌倉時代における表白・願文の文体の研究』汲古書院

索　　引

編著者略歴

沖《おき》森《もり》卓《たく》也《や》

1952年　三重県に生まれる
1977年　東京大学大学院人文科学研究科
　　　　国語国文学専門課程修士課程修了
現　在　立教大学文学部教授
　　　　博士（文学）

日本語ライブラリー
漢文資料を読む　　定価はカバーに表示

2013年10月5日　初版第1刷
2024年1月25日　　第10刷

編著者　沖　森　卓　也
発行者　朝　倉　誠　造
発行所　株式会社　朝　倉　書　店
東京都新宿区新小川町6-29
郵便番号　162-8707
電　話　03（3260）0141
FAX　03（3260）0180
https://www.asakura.co.jp

〈検印省略〉

　Printed in Korea

ISBN 978-4-254-51529-9　C 3381